Créer et Vendre des Vidéos Avec l'IA

Utilisez des outils d'IA pour produire des YouTube Shorts, TikToks, Reels et des vidéos sans visage qui vous rapportent de l'argent pour toujours.

Par Joe Correa

Publié par **Live Stronger Faster**

Ce livre est destiné uniquement à des fins éducatives et informatives. L'auteur et l'éditeur ne fournissent pas de conseils juridiques, financiers ou professionnels. Les lecteurs doivent consulter un professionnel qualifié avant de prendre toute décision financière.

Première édition

Table des matières

Introduction

Bienvenue dans la révolution de la vidéo avec l'IA

La façon dont les gens consomment du contenu a changé pour toujours. Nous sommes passés de la production vidéo longue et coûteuse à un contenu rapide, percutant et à fort impact — grâce à des plateformes comme TikTok, Instagram Reels et YouTube Shorts. Et maintenant, avec l'essor de l'intelligence artificielle, vous pouvez créer ces vidéos plus rapidement, plus facilement, et sans jamais montrer votre visage.

Ce livre est votre guide étape par étape pour créer une source de revenus grâce aux outils vidéo basés sur l'IA. Que vous soyez entrepreneur, créateur de contenu ou débutant complet sans expérience technique — ce guide est fait pour vous.

Pourquoi la création de vidéos avec l'IA est l'avenir

Les outils d'IA permettent désormais à n'importe qui d'écrire un script, de monter, de narrer et de publier des vidéos en quelques minutes — une tâche qui prenait autrefois des heures ou nécessitait des équipes coûteuses. Des plateformes de création vidéo comme Pictory, InVideo, Descript et Opus Clip changent complètement les règles du jeu.

Vous n'avez pas besoin de caméra.
Vous n'avez pas besoin de parler devant la caméra.
Vous n'avez même pas besoin de compétences en montage.

Tout ce dont vous avez besoin, c'est d'une idée — et de ce guide.

Ce que vous allez apprendre dans ce livre

Dans ce livre, vous découvrirez comment créer des vidéos courtes sans visage à l'aide de l'intelligence artificielle, quels outils d'IA fonctionnent le mieux pour écrire des scripts, éditer et publier du contenu, et comment transformer une seule longue vidéo en des dizaines de Shorts, Reels ou TikToks performants. Vous apprendrez également où publier vos vidéos et comment les monétiser, ainsi que des stratégies pour augmenter vos vues et vos revenus — sans jamais apparaître à la caméra.

Nous examinerons aussi plusieurs exemples concrets et stratégies de monétisation, notamment le marketing d'affiliation avec du contenu vidéo, la création de chaînes YouTube sans visage générant des revenus passifs, la vente de packs de contenu vidéo à des entreprises grâce à l'automatisation par l'IA, et l'utilisation des tendances combinées à l'IA pour créer des vidéos virales avec un minimum d'effort.

Pourquoi cela est important

Les vidéos courtes dominent aujourd'hui Internet. Plus de 15 milliards de vidéos courtes sont regardées chaque jour. Des chaînes sans visage génèrent déjà des milliers de dollars grâce aux revenus publicitaires, aux commissions d'affiliation et aux partenariats avec des marques. Des entreprises paient même des créateurs pour du contenu qu'ils n'ont pas créé manuellement — il a simplement été automatisé grâce à l'IA.

Ce n'est pas seulement une tendance. C'est un changement majeur. Et si vous commencez maintenant, vous pourrez vous positionner pour un succès durable à long terme.

À qui s'adresse ce livre

Ce livre s'adresse aux créateurs qui ne souhaitent pas apparaître devant la caméra, aux parents, étudiants ou employés à temps plein qui recherchent des revenus passifs, aux agences et freelances qui veulent fournir du contenu vidéo sans passer des heures en montage manuel, ainsi qu'à toute personne souhaitant gagner de l'argent à l'échelle mondiale avec rien de plus qu'un ordinateur portable ou un téléphone — et l'intelligence artificielle.

Il ne s'agit pas de courir après la célébrité virale. Il s'agit de construire des sources de revenus automatisées grâce à des vidéos courtes créées avec des outils d'IA.

Chapitre 1 : La puissance des vidéos courtes

Les vidéos courtes ont pris le contrôle d'Internet. Des plateformes comme TikTok, YouTube Shorts et Instagram Reels dominent désormais l'engagement en ligne, offrant à toute personne possédant un téléphone la possibilité d'atteindre des millions de personnes. Mais ce que la plupart des gens ne réalisent pas, c'est que l'intelligence artificielle a rendu possible l'automatisation complète du processus de création de vidéos courtes.

Dans ce chapitre, nous allons expliquer pourquoi les vidéos courtes fonctionnent si bien, quels sont les éléments clés qui les rendent virales, l'avantage que l'IA offre aux créateurs, d'où vient l'argent et comment commencer dès aujourd'hui, même sans aucune expérience.

Les gens sont plus occupés que jamais et la durée moyenne d'attention est tombée à moins de huit secondes. C'est précisément pour cette raison que les vidéos courtes gagnent la bataille de l'attention. Elles sont rapides, divertissantes et presque addictives. Les algorithmes les adorent, les spectateurs aussi, et les créateurs peuvent en produire des dizaines dans le temps qu'il faudrait pour réaliser une seule vidéo longue.

Quelques statistiques importantes illustrent cette tendance. TikTok compte plus de 1,5 milliard d'utilisateurs. YouTube Shorts génère plus de 50 milliards de vues par jour. Et environ 90 % des utilisateurs d'Instagram regardent des Reels chaque semaine. Les vidéos courtes sont devenues une nouvelle forme de communication, de divertissement et de marketing. Et vous pouvez faire partie de cette vague, même sans montrer votre visage ni utiliser d'équipement coûteux.

Chaque vidéo courte qui devient virale possède généralement trois éléments essentiels. Le premier est l'accroche, qui se produit dans les trois premières secondes. Vous devez immédiatement arrêter le défilement de l'utilisateur avec une phrase forte, une question intrigante ou un visuel surprenant. Le deuxième élément est le rythme, généralement entre la quatrième et la quinzième seconde. Cela inclut des coupes rapides, des phrases percutantes, des transitions visuelles et parfois des effets sonores. Le troisième élément est la récompense ou la conclusion, généralement entre dix et trente secondes, où vous livrez le conseil, l'idée principale, la blague ou l'appel à l'action. Grâce à l'IA, vous pouvez simplement saisir un sujet ou un script et générer automatiquement ces éléments.

L'intelligence artificielle change complètement les règles du jeu pour les créateurs. Imaginons que vous vouliez créer une vidéo intitulée « Trois façons d'économiser de l'argent rapidement ». Normalement, vous devriez écrire un script, enregistrer une voix off, filmer des images, monter la vidéo sur un logiciel et ajouter des sous-titres et de la musique. Avec les outils d'IA, tout ce processus peut être réalisé en quelques minutes. ChatGPT peut écrire le script, ElevenLabs ou PlayHT peut générer une narration avec une voix réaliste, Pictory ou InVideo peut créer la vidéo à partir d'images et de séquences B-roll, Opus Clip ou Wisecut peut transformer une longue vidéo en plusieurs Shorts, et CapCut ou Descript peut ajouter des sous-titres et des effets. Cela signifie qu'aujourd'hui, n'importe qui peut produire dix à vingt vidéos courtes par jour sans apparaître devant la caméra.

Une fois publiées, ces vidéos peuvent générer des revenus de différentes façons. Vous pouvez gagner de l'argent grâce au programme partenaire de YouTube après avoir atteint mille abonnés et dix millions de vues sur Shorts en quatre-vingt-dix jours. Vous pouvez également utiliser des liens d'affiliation vers des outils, des livres ou des produits. Certains créateurs obtiennent des partenariats sponsorisés, vendent des produits numériques ou des formations, ou concluent des accords avec des marques. D'autres encore créent des chaînes et les revendent. Vous n'avez même pas besoin de millions de vues. Certains créateurs gagnent entre 100 et 500 dollars par jour grâce à des vidéos courtes automatisées et sans visage qui dirigent les spectateurs vers des offres d'affiliation ou des pages de capture.

La première étape consiste simplement à créer votre première vidéo. Vous n'avez pas besoin de construire une grande marque avant de commencer. Vous pouvez par exemple créer une vidéo intitulée « Trois outils d'IA pour gagner du temps chaque jour ». Utilisez ChatGPT pour écrire un script d'environ soixante mots. Téléchargez ensuite ce script dans ElevenLabs ou PlayHT pour générer la voix. Utilisez Pictory ou InVideo pour créer les visuels et ajouter des sous-titres. Exportez la vidéo et publiez-la sur TikTok, Instagram Reels et YouTube Shorts. Ajoutez une description avec un appel à l'action ou un lien d'affiliation. Répétez ce processus cinq fois par semaine et observez votre audience et vos revenus augmenter progressivement.

L'histoire de Lena illustre parfaitement ce qui est possible. Lena était épuisée. Entre son travail, ses deux enfants et ses dettes à rembourser, elle n'avait absolument pas le temps de lancer une chaîne YouTube. Pourtant, elle entendait constamment dire que certaines personnes gagnaient de l'argent avec de simples vidéos courtes, même sans apparaître devant la caméra. Un soir, après avoir couché les enfants, elle est tombée sur un article parlant de la création de vidéos «

sans visage » grâce à l'IA. Curieuse mais sceptique, elle a décidé d'essayer.

Le tutoriel expliquait comment utiliser ChatGPT pour écrire un script, ElevenLabs pour générer la voix et Pictory pour créer la vidéo en moins de trente minutes. Elle a suivi les instructions. Sa première vidéo s'intitulait « Trois habitudes qui vous rendent pauvre sans que vous le réalisiez ». Elle durait seulement trente-huit secondes et elle l'a publiée sur YouTube Shorts.

Le lendemain matin, Lena a regardé son téléphone. Sa vidéo avait déjà obtenu 1 327 vues. Elle n'en revenait pas. Pas de caméra, aucune expérience en montage, aucun enregistrement de voix — seulement des outils d'IA et quelques minutes de travail. À la fin de la semaine, ses cinq vidéos avaient généré environ 8 000 vues au total et quelques clics sur son lien d'affiliation, ce qui lui avait rapporté 24 dollars.

Ce n'était pas énorme, mais pour Lena, c'était un signe. Elle a continué. Trois mois plus tard, sa chaîne dépassait les mille abonnés. Certaines de ses vidéos sont devenues virales à petite échelle, générant des commissions d'affiliation et des revenus publicitaires. Elle a rejoint des communautés de créateurs utilisant l'IA et a même vendu son premier produit numérique

: un guide de gestion du budget qu'elle avait créé avec ChatGPT.

La Lena d'autrefois n'aurait jamais imaginé cela. Aujourd'hui, ses vidéos sans visage créées avec l'IA lui rapportent plus que son emploi principal et lui offrent la liberté de temps dont elle rêvait. Tout cela parce qu'elle a osé tenter sa chance... et appuyer sur « Publier ».

Chapitre 2 : Les outils d'IA dont vous avez besoin pour commencer

Créer des vidéos avec l'intelligence artificielle est rapide, simple et évolutif — mais seulement si vous utilisez les bons outils. Dans ce chapitre, nous allons examiner les plateformes d'IA dont vous avez besoin, le rôle de chacune d'elles et comment les combiner dans un flux de travail fluide afin de créer des vidéos courtes professionnelles capables d'attirer l'attention et de générer des revenus.

Vous découvrirez les cinq catégories d'outils essentielles, les options gratuites et payantes pour chacune d'elles, des exemples de flux de travail utilisant ces outils, les avantages et les inconvénients des plateformes tout-en-un par rapport aux configurations modulaires, ainsi que des conseils pour choisir les outils qui correspondent le mieux à votre budget et à vos objectifs.

Pour créer des vidéos courtes avec l'IA, vous aurez besoin d'outils provenant de cinq catégories principales, chacune jouant un rôle spécifique dans le processus de création de contenu. La première catégorie concerne l'écriture de scripts. Ces outils vous permettent de générer des scripts courts, clairs et engageants pour vos vidéos. Des plateformes comme ChatGPT et Jasper sont idéales pour cela, car elles produisent instantanément du contenu créatif adapté à votre sujet et au ton souhaité.

La deuxième catégorie est la génération de voix. Au lieu d'enregistrer votre propre voix, vous pouvez utiliser des plateformes comme ElevenLabs ou PlayHT pour produire des voix off réalistes et naturelles grâce à l'intelligence artificielle. Pour les créateurs de vidéos sans visage, c'est une véritable révolution.

La troisième catégorie concerne la création vidéo. Des outils comme InVideo, Pictory et Steve.AI vous permettent de combiner votre script, votre narration et des visuels dans une seule vidéo finalisée. Ces plateformes associent automatiquement des images et des séquences vidéo à votre narration, ce qui vous fait gagner des heures de montage manuel.

Une fois la vidéo assemblée, les outils d'édition et de sous-titres entrent en jeu. Des applications comme CapCut, Descript et VEED facilitent l'ajout de texte dynamique, de transitions et d'effets visuels. Ces éléments permettent à votre contenu de se démarquer et améliorent la rétention des spectateurs.

Enfin, la cinquième catégorie concerne les outils de réutilisation de contenu. Si vous travaillez avec des vidéos plus longues, des plateformes comme Opus Clip ou Wisecut peuvent automatiquement identifier les meilleurs moments, les reformater au format vertical et les transformer en plusieurs clips courts prêts à être publiés sur YouTube Shorts, TikTok ou Instagram Reels.

Chacun de ces outils joue un rôle important dans la création d'un système de contenu efficace et automatisé. Vous pouvez soit les combiner pour créer votre propre flux de travail personnalisé, soit utiliser une plateforme tout-en-un selon vos besoins et votre niveau d'expérience.

Voyons maintenant quelques outils populaires, gratuits et payants, dans chaque catégorie. Pour l'écriture de scripts, les options gratuites incluent ChatGPT dans sa version de base ou Rytr. Les options payantes incluent Jasper.ai, particulièrement efficace pour les scripts marketing. Pour la génération de voix, plusieurs plateformes proposent des essais gratuits comme PlayHT et ElevenLabs. Parmi les solutions payantes, ElevenLabs est réputé pour sa qualité audio exceptionnelle, tandis que Murf.ai est souvent utilisé pour les vidéos éducatives ou professionnelles.

Pour la création vidéo, Canva propose des modèles vidéo gratuits faciles à utiliser, tout comme Lumen5. Du côté des options payantes, Pictory est excellent pour transformer des scripts en vidéos complètes, tandis que InVideo offre des modèles très simples à personnaliser. Pour l'édition et les sous-titres, CapCut est une solution gratuite extrêmement populaire, notamment sur mobile, tandis que DaVinci Resolve est une option professionnelle. Les outils payants comme Descript permettent un montage vidéo assisté par IA, et VEED propose une solution simple directement dans le navigateur.

Pour la réutilisation de contenu, Opus Clip propose un essai gratuit qui permet de transformer rapidement une longue vidéo en plusieurs clips courts. Les versions payantes incluent Wisecut et Opus Clip, particulièrement efficaces pour extraire automatiquement les moments les plus intéressants d'une vidéo.

Prenons maintenant un exemple simple de flux de travail pour créer une vidéo TikTok d'une minute. Imaginons que votre sujet soit « Trois applications qui vous font gagner du temps chaque jour ». Vous pouvez commencer par utiliser ChatGPT pour générer un script d'environ soixante mots. Ensuite, collez ce script dans ElevenLabs pour créer la narration et exporter l'audio. Téléchargez ensuite ce fichier audio dans Pictory, qui générera automatiquement les visuels de la vidéo. Ensuite, utilisez CapCut pour effectuer quelques ajustements, ajouter des sous-titres et intégrer un appel à l'action. Enfin, publiez la vidéo sur TikTok, Instagram Reels et YouTube Shorts. Tout ce processus peut prendre moins de vingt-cinq minutes et ne coûter presque rien, surtout si vous utilisez les versions gratuites.

Lors du choix de vos outils, vous pouvez adopter deux approches différentes. La première est une configuration modulaire, où chaque outil accomplit une tâche spécifique. Cette méthode offre plus de contrôle et une qualité souvent supérieure, mais elle peut nécessiter plusieurs abonnements et un peu plus de temps. La deuxième approche consiste à utiliser des plateformes tout-en-un comme InVideo ou Canva, qui regroupent le script, les visuels et parfois même la voix dans un seul outil. Cette méthode est très rapide et idéale pour les débutants, mais elle peut parfois manquer de fonctionnalités avancées ou produire un résultat plus générique si elle n'est pas personnalisée.

Le choix des outils dépend aussi de votre objectif. Si vous souhaitez créer rapidement des YouTube Shorts sans montrer votre visage, vous pouvez utiliser ChatGPT, ElevenLabs, Pictory et CapCut. Si vous voulez transformer de longues vidéos en TikToks ou Reels, Opus Clip, CapCut et VEED sont d'excellentes options. Pour un travail d'agence ou pour des clients, des outils comme Jasper, Murf, Descript et Canva peuvent être très efficaces. Si vous souhaitez créer et vendre des modèles de contenu, une combinaison de InVideo, ChatGPT et Canva peut fonctionner parfaitement.

Un bon conseil consiste à commencer par les essais gratuits afin de tester votre flux de travail avant de vous engager dans des abonnements payants.

L'histoire de Tyrone illustre bien ce qui est possible. Tyrone a toujours été intéressé par la vidéo, mais entre son travail à temps plein et son manque de compétences en montage, il n'a jamais pensé que c'était quelque chose qu'il pourrait réellement faire. Jusqu'à ce que l'intelligence artificielle entre en scène.

Un vendredi soir, il s'est fixé un objectif simple : créer un seul YouTube Short sans visage. Il avait entendu dire que l'IA pouvait désormais tout faire — écrire, générer une voix et même monter une vidéo — mais il n'y croyait pas vraiment avant d'essayer.

Il a commencé par taper une demande dans ChatGPT : « Écris un script de 45 secondes pour un YouTube Short sur trois outils d'IA gratuits que tout le monde peut utiliser. » En moins de trente secondes, il avait un script clair et dynamique.

Ensuite, il a ouvert ElevenLabs. Il a copié le script, choisi une voix masculine calme et cliqué sur « générer ». En quelques secondes, il avait une narration réaliste prête à être utilisée.

Toujours sceptique, il a téléchargé le fichier audio dans Pictory. Le logiciel a généré une vidéo complète avec des images libres de droits, des transitions dynamiques et même des sous-titres automatiques basés sur son script. Il a exporté la vidéo et l'a légèrement améliorée dans CapCut directement depuis son téléphone.

En regardant le résultat final, il s'est dit : « On dirait le travail d'un monteur professionnel. »

Le lendemain matin, il a publié la vidéo sur YouTube Shorts sans grandes attentes.

Cette semaine-là, la vidéo a atteint 9 000 vues. Les commentaires ont commencé à arriver. Un utilisateur a demandé : « Quel outil avez-vous utilisé pour la voix ? Elle est incroyable. »

Tyrone a répondu... et a ajouté un lien d'affiliation.

Trois semaines plus tard, il avait publié douze autres vidéos en utilisant le même système d'outils d'IA. Sa chaîne avait dépassé les cinq cents abonnés et, surtout, il avait gagné ses premiers 108 dollars en commissions d'affiliation —

uniquement grâce à des vidéos créées par l'IA dans lesquelles il n'apparaissait jamais.

Tyrone est rapidement devenu passionné par ce processus. Il a créé un simple tableau pour suivre son flux de travail : ChatGPT → ElevenLabs → Pictory → CapCut → Publication.

Il a construit une routine quotidienne autour de ce système. Et en moins de deux mois, sa petite chaîne sans visage générait déjà environ 500 dollars par mois de revenus récurrents grâce aux vues et aux liens d'affiliation.

Il avait compris quelque chose d'essentiel : il n'avait pas besoin d'équipement sophistiqué ni d'expérience avancée. Il lui suffisait d'utiliser les bons outils d'IA — et de prendre la décision de commencer.

Chapitre 3 : Écrire des scripts pour des vidéos courtes — accroches, structure et narration en 30 secondes

Lorsqu'il s'agit de réussir avec les vidéos courtes, le script est la base de tout. Que vous utilisiez des visuels générés par l'IA ou des images de stock, cela n'a aucune importance si les mots ne captent pas l'attention et n'apportent pas de valeur. Un bon script pour une vidéo courte n'exige pas une écriture sophistiquée — il exige une structure claire, de la simplicité et surtout de la rapidité. Le message entier doit être transmis en 15 à 60 secondes, parfois même moins. C'est pourquoi une accroche forte, un milieu concis et une conclusion percutante sont essentiels.

Tout commence par l'accroche. Vous n'avez qu'une à trois secondes pour empêcher quelqu'un de continuer à faire défiler son écran. Les meilleures accroches éveillent la curiosité, font une affirmation audacieuse ou promettent une valeur immédiate. Des phrases comme « Vous faites cela de la mauvaise façon », « Voici ce que personne ne vous dit » ou « 3 choses que j'aurais aimé savoir plus tôt » obligent le spectateur à s'arrêter et à écouter. Si l'accroche échoue, le reste de la vidéo n'a plus aucune importance. Des outils d'IA comme ChatGPT ou Jasper peuvent vous aider à générer des dizaines d'idées d'accroches simplement en demandant : « Donne-moi 10 accroches virales pour une vidéo sur [votre sujet]. »

Après l'accroche vient le corps du message. C'est ici que vous apportez la valeur principale. Il peut s'agir de trois conseils rapides, d'une mini-histoire, d'une erreur à éviter ou d'un point de vue original. La clarté est essentielle. Utilisez des phrases courtes. Parlez directement au spectateur. Évitez les détours inutiles. Pensez à chaque phrase comme à un coup de poing qui maintient l'attention. Avec l'IA, vous pouvez demander à ChatGPT d'écrire votre vidéo sous un format simple en trois parties : accroche, message principal et appel à l'action. Vous pouvez même lui demander d'adapter le ton en disant par exemple : « Écris comme Alex Hormozi » ou « Écris comme l'introduction d'une vidéo de MrBeast ».

Enfin, la conclusion ou l'appel à l'action est ce qui laisse au spectateur un sentiment de satisfaction et d'achèvement. Dans les vidéos éducatives ou informatives, la conclusion peut être le dernier conseil qui résume tout. Dans les vidéos destinées à la monétisation, cela peut être « Clique sur le lien dans la bio », « Télécharge le guide gratuit ci-dessous » ou « Abonne-toi pour plus de conseils ». L'objectif est de laisser le spectateur satisfait tout en lui donnant envie de revenir. L'IA peut aussi vous aider à générer des appels à l'action adaptés à votre objectif, qu'il s'agisse de promouvoir un lien d'affiliation, de vendre un cours ou simplement de gagner des abonnés.

Écrire des scripts pour des vidéos courtes repose sur la vitesse et la répétition. N'essayez pas de rendre chaque vidéo parfaite. Utilisez des modèles. Par exemple, une formule simple comme « Accroche + Conseil n°1 + Conseil n°2 + Conseil n°3 + Appel à l'action » fonctionne parfaitement pour TikTok ou Instagram Reels. Vous pouvez demander à ChatGPT de générer plusieurs variantes et choisir la meilleure. Certains créateurs vont encore plus loin en préparant 10 à 20 scripts en une seule session, puis en les envoyant dans leur générateur de vidéos IA afin de planifier toute une semaine de contenu en une seule journée.

Les bons scripts n'ont pas besoin d'être longs. En réalité, une vidéo de 30 secondes peut contenir seulement 50 à 70 mots. La véritable compétence consiste à choisir des mots qui ont un impact fort. Utilisez des verbes d'action, des affirmations audacieuses et un langage simple auquel les gens peuvent s'identifier. Par exemple, dites « Gagnez 3 heures par jour avec ceci » plutôt que « Cela pourrait vous aider à améliorer votre gestion du temps ». Soyez direct, précis et rapide. En combinant cette formule de script avec des voix générées par l'IA et des outils de sous-titrage automatique, vous pourrez produire du contenu puissant chaque jour avec facilité.

Samantha avait toujours entendu dire qu'elle avait « une voix parfaite pour la radio », mais l'idée de créer des vidéos ne lui était jamais venue à l'esprit. Elle n'était pas une experte en technologie. Elle n'avait ni caméra ni éclairage sophistiqué. Elle aimait simplement partager des conseils de vie avec ses amis. Puis un jour, en faisant défiler TikTok, elle est tombée sur une courte vidéo intitulée « 3 signes que vous gaspillez de l'argent sans vous en rendre compte ». C'était simplement une vidéo sans visage avec du texte à l'écran et une voix robotisée, mais elle avait plus de 1,4 million de vues.

Ce fut un déclic. « Je pourrais totalement faire ça », pensa-t-elle. Ce soir-là, elle a ouvert son ordinateur portable, lancé ChatGPT et écrit : « Écris un script de vidéo courte en trois parties sur trois façons de mieux gérer son budget. » En moins de dix secondes, elle avait un script complet avec une accroche forte : « Si vous êtes déjà à court d'argent le 15 du mois, regardez ceci. » Le ton était direct, naturel, exactement comme elle parlait dans la vie. Elle a copié le texte et l'a collé dans ElevenLabs pour générer une narration, puis a utilisé Pictory pour créer les visuels. Et voilà, sa première vidéo était prête.

Elle l'a publiée sur Instagram Reels avant d'aller dormir. Le lendemain matin, la vidéo avait déjà 2 100 vues. Ce n'était pas viral, mais c'était bien plus que ce qu'elle imaginait. Elle a continué. Elle a commencé à utiliser une formule simple : Accroche + 3 conseils + Appel à l'action. Par exemple : « Si vous êtes toujours fatigué, essayez ceci », suivi de trois astuces rapides. Ou « Si votre score de crédit est mauvais, voici quoi faire », suivi de ses applications préférées. À chaque publication, elle testait différents appels à l'action : « Abonne-toi pour plus », « Envoie-moi un message pour le guide », « Lien dans la bio ».

En quelques semaines, elle avait déjà une audience. Pas énorme, mais engagée. Certaines vidéos ont dépassé les 10 000 vues. Elle a commencé à gagner de l'argent grâce à des liens d'affiliation vers les outils de gestion de budget qu'elle recommandait dans sa bio. Et elle s'est mise à aimer le processus créatif. Il ne s'agissait pas d'être parfaite. Il s'agissait de transmettre son message en trente secondes. Elle utilisait désormais ChatGPT tous les jours — non pas parce qu'elle ne savait pas écrire, mais parce que cela lui permettait de trouver des idées plus rapidement et de se concentrer sur la créativité.

Un jour, en regardant son tableau de bord, elle a remarqué qu'elle avait gagné 217 dollars en une seule semaine grâce à quelques vidéos courtes. C'était presque le montant de sa facture d'électricité. Tout cela grâce à des scripts créés en quelques minutes avec l'aide de l'IA. Samantha n'était ni réalisatrice ni influenceuse. C'était simplement une personne ordinaire avec des conseils utiles à partager — et désormais, elle disposait d'un revenu numérique en pleine croissance basé sur des scripts courts, simples et percutants qui donnaient envie aux gens de revenir.

Chapitre 4 : Créer des vidéos sans visage avec l'IA — pas de caméra, aucun problème

L'un des aspects les plus puissants de la création vidéo avec l'intelligence artificielle est la possibilité de produire du contenu captivant sans jamais montrer votre visage. C'est un véritable changement de paradigme pour les créateurs qui tiennent à leur vie privée, qui n'aiment pas apparaître devant la caméra ou qui souhaitent simplement produire du contenu à grande échelle plus rapidement. Aujourd'hui, grâce aux outils d'IA capables de générer des scripts, des voix off, des images vidéo et même des avatars, les barrières traditionnelles à l'entrée ont pratiquement disparu. Dans ce chapitre, vous apprendrez comment créer des vidéos sans visage de haute qualité en utilisant simplement un ordinateur portable ou un smartphone et un flux de travail intelligent.

La première étape consiste à comprendre la structure d'une vidéo sans visage. La plupart suivent un schéma simple : une accroche (avec du texte à l'écran ou une voix off), une série de clips visuellement engageants ou d'animations qui soutiennent votre message, puis un appel à l'action. Au lieu de montrer votre propre visage, les visuels peuvent être des images de stock, des personnages animés, du texte à l'écran ou des séquences B-roll liées à votre script. Des plateformes comme Pictory, InVideo et Lumen5 rendent ce processus extrêmement simple. Vous téléchargez un script ou un fichier audio, et la plateforme sélectionne automatiquement des visuels, des transitions et des animations adaptés.

La voix off constitue l'élément clé suivant. Vous n'avez pas besoin de narrer la vidéo vous-même. Des outils comme ElevenLabs, PlayHT ou Murf peuvent générer des voix réalistes dans différents tons, accents et langues. Il vous suffit de coller votre script, de choisir une voix et d'exporter l'audio. Cette narration peut ensuite être intégrée à votre vidéo en quelques clics. Par exemple, avec Pictory, vous pouvez télécharger votre fichier audio, et la plateforme synchronisera automatiquement les visuels avec la narration, ce qui rend le processus fluide et rapide.

Pour maintenir l'attention du spectateur, il est également important d'ajouter des sous-titres et du texte dynamique. La plupart des gens regardent les vidéos courtes sans le son, surtout sur mobile. Des outils comme CapCut, Descript et VEED peuvent automatiquement transcrire votre vidéo et ajouter des sous-titres animés, ce qui augmente le temps de visionnage et l'engagement. CapCut est particulièrement populaire parce qu'il fonctionne très bien sur mobile et propose des modèles inspirés des créateurs les plus populaires.

Si vous utilisez une plateforme comme InVideo, vous pouvez personnaliser les polices, les animations et le timing afin de rendre votre contenu plus dynamique et visuellement attrayant.

Le secret d'une vidéo sans visage efficace est la narration visuelle. Il ne s'agit pas simplement d'ajouter des images de stock sur une timeline — vous devez créer un parcours visuel qui correspond à l'émotion ou au ton de votre script. Si votre vidéo est motivante, utilisez une musique inspirante et des images dynamiques comme un lever de soleil, des personnes qui courent ou des visages souriants. Si votre vidéo traite de finances, vous pouvez montrer des tableaux, des cartes de crédit ou des billets d'argent. Les visuels doivent amplifier votre message, même si aucune personne n'apparaît à l'écran. Vous pouvez guider les outils d'IA en ajustant les mots-clés ou en remplaçant certains clips manuellement afin de rendre votre histoire plus claire.

Une fois votre vidéo terminée, elle est prête à être publiée. Exportez-la au format vertical (9:16) pour TikTok, Instagram Reels et YouTube Shorts. Assurez-vous que la durée est comprise entre 15 et 60 secondes, qu'elle inclut du texte à l'écran et qu'elle se termine par un appel à l'action clair. À partir d'un seul script, vous pouvez publier votre vidéo sur trois plateformes ou plus, ce qui multiplie votre portée sans effort supplémentaire. Plus vous pratiquerez ce processus, plus vous deviendrez rapide. Avec le temps, vous pourrez créer cinq à dix vidéos sans visage par jour qui paraîtront professionnelles et convertiront les spectateurs en abonnés, clients ou commissions.

Parlons maintenant de Diego.

Diego admirait depuis longtemps les créateurs capables de parler avec confiance devant la caméra, mais il savait que ce n'était pas pour lui. Il n'aimait pas son apparence en vidéo, détestait se filmer et se sentait mal à l'aise chaque fois qu'il entendait sa propre voix. Pendant des années, cette insécurité l'a empêché d'essayer de construire une présence en ligne. Mais tout a changé lorsqu'il a découvert qu'il pouvait créer des vidéos sans visage — entièrement alimentées par l'intelligence artificielle.

Tout a commencé lorsqu'il est tombé sur une chaîne YouTube qui comptait plus de 300 000 abonnés. Chaque vidéo était courte, sans visage et étrangement captivante. Du texte flottait à l'écran. Des images de stock défilaient en arrière-plan. Une voix calme et robotique délivrait des messages puissants. Diego a fait quelques recherches et a découvert que le créateur utilisait des outils comme ElevenLabs et Pictory. « Attends... je pourrais faire ça », pensa-t-il. Le soir même, il a décidé d'essayer.

Il a ouvert ChatGPT et a demandé un script motivationnel de 45 secondes sur le fait de ne jamais abandonner. Le résultat était clair et percutant. Il a collé le script dans ElevenLabs, sélectionné une voix masculine chaleureuse et confiante, puis exporté l'audio. Ensuite, il a téléchargé la narration dans Pictory, ajouté le script et laissé l'IA faire le reste. En quelques minutes, la plateforme avait assemblé une vidéo avec des images de lever de soleil, des personnes escaladant des montagnes et des superpositions de texte puissantes. Diego a ajusté quelques visuels et exporté la version finale.

Nerveux mais enthousiaste, il a publié la vidéo sur YouTube Shorts et Instagram Reels. C'était étrange au début — il n'apparaissait pas du tout dans la vidéo. Mais le lendemain matin, la vidéo avait déjà dépassé les 3 000 vues. Des commentaires sont apparus comme : « J'avais besoin de voir ça aujourd'hui » ou « Je sauvegarde cette vidéo pour plus tard ». Cela l'a profondément marqué. Il n'avait pas besoin d'être visible pour avoir un impact. Il lui suffisait de partager un message — et de laisser les outils faire le reste.

Diego a alors construit un système. Chaque semaine, il écrivait dix scripts avec ChatGPT. Il générait les voix avec ElevenLabs.

Il créait les vidéos avec Pictory et les ajustait avec CapCut. Ensuite, il les programmait en avance avec Meta Business Suite et YouTube Studio. En deux mois, il avait publié plus de quarante vidéos sans visage — et trois d'entre elles étaient devenues semi-virales. L'une a atteint 80 000 vues. Une autre a été partagée par une grande page. Ses liens d'affiliation ont commencé à lui rapporter de l'argent — peu au début, mais de plus en plus régulièrement.

Mais ce qui l'a le plus surpris n'était pas l'argent. C'était la confiance qu'il avait gagnée. Il ne se sentait plus exclu du monde de la création de contenu. L'intelligence artificielle lui avait donné une voix — sans la peur d'apparaître devant la caméra. Et désormais, il construisait une marque sans visage qui inspirait des milliers de personnes, une vidéo générée par l'IA à la fois.

Chapitre 5 : Réutiliser une vidéo pour créer plus de 10 Shorts avec l'IA (du format long aux clips viraux)

Créer des vidéos courtes performantes à partir de contenus longs est l'une des méthodes les plus efficaces et évolutives pour développer une audience, générer du trafic et monétiser en ligne. Au lieu de filmer constamment de nouveaux contenus, les créateurs les plus stratégiques enregistrent désormais une seule vidéo longue – comme un podcast, un webinaire, un tutoriel ou un vlog – puis utilisent des outils d'intelligence artificielle pour générer automatiquement des dizaines de clips courts et captivants à partir de celle-ci. Cette approche permet de gagner du temps, de multiplier votre portée et de construire une bibliothèque de contenu qui travaille pour vous 24 heures sur 24.

Au cœur de cette stratégie se trouvent des outils de réutilisation de contenu alimentés par l'IA. Des plateformes comme Opus Clip, Wisecut et Vidyo.ai analysent les vidéos longues et identifient les moments les plus intéressants en se basant sur le contenu, le ton, les expressions faciales, les signaux d'engagement et même les mots-clés. Ces outils découpent votre vidéo en clips courts et percutants, les recadrent automatiquement au format vertical et ajoutent des sous-titres dynamiques, des emojis et des transitions — le tout sans que vous ayez besoin de faire le moindre montage manuel. Il vous suffit de télécharger votre vidéo longue et, en quelques minutes, vous obtenez une collection de 10, 20 ou même plus de vidéos courtes prêtes à être publiées.

Ce flux de travail est particulièrement précieux pour les créateurs de cours en ligne, les YouTubers, les podcasteurs, les coachs et les entrepreneurs qui possèdent déjà de nombreuses vidéos longues stockées sur leurs ordinateurs. Imaginez prendre un enregistrement Zoom de 30 minutes et le transformer en 15 Reels ou TikToks de haute qualité en moins d'une heure. Chaque vidéo courte peut ensuite rediriger les spectateurs vers votre contenu complet, votre liste d'e-mails, votre page de produit ou votre chaîne YouTube. Et comme les vidéos courtes sont favorisées par les algorithmes d'Instagram, YouTube et TikTok, vous gagnez une visibilité importante avec beaucoup moins d'effort.

Pour commencer, choisissez une vidéo longue qui contient des moments de valeur — par exemple des histoires, des conseils, des opinions fortes ou des idées intéressantes. Téléchargez-la sur un outil comme Opus Clip. L'IA détectera automatiquement les passages qui peuvent servir d'accroche, analysera la parole et découpera la vidéo en clips verticaux courts avec sous-titres et montage intégré. Vous pourrez ensuite prévisualiser les clips, supprimer ceux qui ne correspondent pas à votre message et télécharger ceux qui vous conviennent. Ces clips peuvent ensuite être programmés sur plusieurs plateformes, chacun avec un titre, une description et un appel à l'action qui renvoie vers votre offre ou votre vidéo principale.

La régularité est essentielle. De nombreux créateurs adoptent un système simple : enregistrer une vidéo de 20 à 60 minutes chaque semaine et laisser l'IA la transformer en contenu court quotidien. Vous pouvez également combiner cette stratégie avec le travail en lots. Par exemple, vous pouvez consacrer une journée à enregistrer quatre vidéos longues, puis utiliser des outils de réutilisation pour générer plus de 50 vidéos courtes pour tout le mois. Si vous réalisez des interviews, répondez à des questions fréquentes ou animez des sessions en direct, tout cela devient du matériel brut pour des vidéos courtes qui continuent de développer votre marque et votre activité.

La meilleure partie est que vous n'avez pas besoin d'être un YouTuber ou un influenceur à plein temps pour que cela fonctionne. Que vous soyez coach cherchant à générer des prospects, affilié promouvant des outils, ou éducateur cherchant à bâtir son autorité, la réutilisation de contenu assistée par l'IA vous permet de maximiser chaque contenu que vous créez. Une seule bonne vidéo peut devenir tout un écosystème de contenu — et avec les bons outils, ce processus peut être largement automatisé.

L'histoire de Maya et de son nouveau système de vidéos courtes

Maya gérait une petite chaîne YouTube d'éducation financière. Chaque semaine, elle publiait des vidéos expliquant comment gérer son argent, construire son crédit et éviter les pièges de l'endettement. Ses tutoriels étaient clairs et utiles, mais les vues restaient modestes. Une vidéo obtenait généralement entre 300 et 400 vues. Parfois, elle atteignait 1 000. Malgré cela, elle avait l'impression que son message n'atteignait pas les personnes qui en avaient vraiment besoin.

Un jour, un autre créateur lui a écrit : « Tu devrais transformer ces vidéos en Shorts. Tu es assise sur une mine d'or. » Maya a hésité. « Je n'ai pas le temps de découper toutes mes vidéos », a-t-elle répondu. C'est alors que son ami lui a parlé d'Opus Clip. C'était un outil d'IA capable de prendre ses vidéos complètes et de générer automatiquement des clips courts avec sous-titres, transitions et montage dynamique. Maya a décidé de tester.

Elle a téléchargé l'une de ses anciennes vidéos — un tutoriel de 22 minutes sur la reconstruction du crédit après des difficultés financières. En quelques minutes, Opus Clip lui a proposé 13 vidéos courtes. Chacune durait entre 30 et 60 secondes, déjà formatée verticalement avec le bon ratio d'écran, des sous-titres visibles et du texte mis en évidence synchronisé avec sa voix. Elle avait presque rien à modifier. Elle a choisi ses huit meilleurs clips, les a publiés sur TikTok, YouTube Shorts et Instagram Reels, puis a ajouté un appel à l'action renvoyant vers sa vidéo complète.

À la fin de la semaine, trois de ces vidéos avaient dépassé 5 000 vues. L'une d'entre elles a atteint 18 000 vues. Les commentaires ont commencé à arriver : « C'est exactement ce dont j'avais besoin aujourd'hui », « As-tu d'autres vidéos sur ce sujet ? », « Je me suis abonné ! » Maya n'en revenait pas. Le contenu qu'elle avait déjà créé — qu'elle pensait terminé et oublié — travaillait désormais plus que jamais grâce à l'intelligence artificielle.

Encouragée, elle a téléchargé davantage de vidéos longues dans Opus Clip. Une session de questions-réponses de 40 minutes est devenue 22 vidéos courtes. Un épisode de podcast s'est transformé en 19 Reels. Soudain, elle publiait du contenu tous les jours sans rien enregistrer de nouveau. Sa liste d'e-mails a commencé à grandir. Ses commissions d'affiliation ont doublé. Et YouTube a finalement approuvé la monétisation de sa chaîne.

Ce qui lui prenait autrefois cinq à six heures par semaine ne lui prenait plus que 90 minutes. Elle pouvait désormais consacrer son temps à interagir avec son audience, créer un cours en ligne et améliorer ses pages de capture. Pendant ce temps, ses Shorts montés par l'IA attiraient de nouveaux spectateurs en continu. Maya est passée d'un sentiment de surcharge et de faible visibilité à un système automatisé et largement diffusé — simplement en réutilisant le contenu qu'elle avait déjà créé, avec l'aide d'outils d'intelligence artificielle intelligents.

Chapitre 6 : Monétiser vos vidéos — liens d'affiliation, revenus publicitaires, produits et bien plus encore

Créer des vidéos est passionnant, mais transformer ces vidéos en revenus est là où se trouve la véritable opportunité. Grâce aux outils d'intelligence artificielle et aux plateformes de vidéos courtes, la monétisation n'est plus réservée aux influenceurs comptant des millions d'abonnés. Aujourd'hui, même les petits créateurs peuvent générer des revenus réguliers à partir de plusieurs sources — souvent grâce à des vidéos qui ont pris moins d'une heure à produire. Dans ce chapitre, vous découvrirez comment monétiser efficacement votre contenu généré par l'IA grâce au marketing d'affiliation, aux revenus publicitaires, à la vente de produits numériques, aux partenariats sponsorisés et à la génération de prospects.

L'une des façons les plus rapides de commencer à gagner de l'argent est le marketing d'affiliation. Cela signifie que vous recommandez un produit ou un outil dans votre vidéo, et si quelqu'un effectue un achat via votre lien unique, vous recevez une commission. L'avantage des vidéos courtes est leur capacité à générer rapidement du trafic. Des plateformes comme TikTok et Instagram permettent d'ajouter votre lien d'affiliation dans votre biographie ou dans un service comme

Linktree. Vous pouvez simplement terminer votre vidéo avec un appel à l'action tel que « Cliquez sur le lien dans la bio pour essayer cet outil » ou « Téléchargez mon guide gratuit ci-dessous ». Par exemple, si votre vidéo explique comment gagner du temps grâce à l'IA, vous pouvez ajouter un lien vers le programme d'affiliation d'un outil d'IA et gagner une commission chaque fois qu'une personne s'inscrit.

YouTube Shorts permet également de monétiser le contenu grâce au Programme Partenaire YouTube. Même si les conditions pour les Shorts sont différentes de celles des vidéos longues, les créateurs qui atteignent 10 millions de vues en 90 jours et dépassent le seuil d'abonnés requis peuvent commencer à générer des revenus publicitaires. Les gains par vue peuvent être plus faibles que pour les vidéos longues, mais le volume de vues peut compenser cette différence. En plus de cela, YouTube propose des bonus, des fonds pour créateurs et des fonctionnalités d'achat pour les créateurs de Shorts éligibles. Si vous publiez régulièrement et créez du contenu en lot, même une petite chaîne peut accéder à ces sources de revenus en quelques mois.

Les produits numériques représentent une autre opportunité très rentable. Il peut s'agir d'eBooks, de modèles, de cours en ligne ou de collections de ressources — tous pouvant être créés rapidement grâce à l'IA. La stratégie est simple : utilisez vos vidéos pour partager un conseil tiré de votre produit, puis dirigez les spectateurs vers un aimant à prospects ou une page de vente. Par exemple, une vidéo intitulée « 3 outils d'IA qui m'ont fait gagner 20 heures le mois dernier » peut renvoyer vers un kit de productivité vendu 9 dollars et créé avec ChatGPT. La vidéo génère la visibilité et votre produit génère les revenus — sans inventaire ni coûts de livraison.

Les partenariats sponsorisés deviennent également accessibles aux créateurs sans visage. Les marques comprennent désormais que ce n'est pas le visage du créateur qui compte, mais son audience et son niveau d'engagement. Si vos vidéos courtes atteignent régulièrement un public spécifique — par exemple les passionnés de technologie, les étudiants, les freelances ou les entrepreneurs — certaines entreprises peuvent vous payer pour mentionner leur produit. Vous pouvez contacter les marques directement, afficher vos tarifs sur des plateformes comme Passionfroot ou Beacons, ou inclure dans vos vidéos un message du type « Sponsorisé par [Nom de la marque] ». Plus votre bibliothèque de vidéos grandit, plus vos opportunités augmentent.

Enfin, ne sous-estimez pas la génération de prospects. Si vous proposez un service — coaching, consulting, travail indépendant ou même une newsletter — vos vidéos peuvent diriger directement les spectateurs vers votre activité. Par exemple, une vidéo intitulée « 3 erreurs que font les nouveaux investisseurs » peut renvoyer vers une checklist PDF gratuite qui collecte les adresses e-mail des visiteurs. Cette liste peut ensuite servir à vendre des cours, des livres ou des offres à plus forte valeur. Avec l'IA qui gère la production vidéo et la création de pages de capture, l'ensemble de votre tunnel de conversion peut devenir automatisé et évolutif.

Les créateurs les plus performants combinent souvent plusieurs de ces stratégies. Par exemple, ils utilisent les liens d'affiliation pour générer des revenus rapides, vendent des produits numériques à moyen terme et développent une liste e-mail pour construire une entreprise durable sur le long terme. Le secret réside dans la constance et l'optimisation. Analysez les performances de vos vidéos pour voir lesquelles fonctionnent le mieux, quels appels à l'action génèrent le plus de clics et à quel moment les spectateurs quittent la vidéo. Concentrez-vous sur ce qui fonctionne et vous verrez votre contenu vidéo se transformer progressivement en une véritable machine à revenus — alimentée par l'intelligence artificielle.

L'histoire du mini-cours à 17 dollars d'Elijah

Elijah n'était pas nouveau dans la création de contenu. Il avait essayé le podcasting, le blogging et même lancé une petite chaîne YouTube, mais aucun de ces projets ne lui avait apporté des revenus réguliers. Cela ressemblait toujours à un travail intense pour très peu de résultats. Tout a changé lorsqu'il est tombé sur une vidéo d'un créateur affirmant gagner plus de 1 000 dollars par mois simplement grâce à des liens d'affiliation dans des vidéos courtes. Intrigué, Elijah a décidé d'essayer sérieusement. Comme il ne voulait pas apparaître à la caméra, il s'est tourné vers l'IA.

Avec ChatGPT, il a écrit dix scripts courts sur la gestion du budget et l'épargne. Il a généré les voix avec ElevenLabs, créé les vidéos avec Pictory et effectué les ajustements dans CapCut. Ensuite, il a publié une vidéo courte par jour sur TikTok, Instagram Reels et YouTube Shorts. À la fin de chaque vidéo, il ajoutait un appel à l'action : « Téléchargez ma checklist gratuite pour gérer votre budget — lien dans la bio ». Cette checklist renvoyait vers une page contenant ses offres d'affiliation, notamment des applications de gestion budgétaire, des outils pour améliorer son crédit et des formations financières.

Pendant les deux premières semaines, il ne s'est pas passé grand-chose. Quelques vues ici et là. Puis l'une de ses vidéos intitulée « Comment arrêter de gaspiller 300 dollars par mois sans vous en rendre compte » a atteint 40 000 vues sur Instagram Reels. Sa liste d'e-mails a gagné 218 nouveaux abonnés en trois jours. Son tableau de bord d'affiliation indiquait déjà 94 dollars de commissions. Ce n'était pas une somme énorme, mais cela prouvait que le système fonctionnait. Cette vidéo, créée en 25 minutes avec des outils d'IA, générait maintenant des clics et des revenus passifs chaque jour.

Motivé par ce résultat, Elijah a créé un mini-cours à 17 dollars sur la gestion du budget pour débutants — entièrement écrit avec ChatGPT et narré avec sa voix générée par l'IA. Il a ajouté ce produit à sa séquence d'e-mails de bienvenue et a commencé à voir apparaître des ventes. 17 dollars par-ci, 17 dollars par-là. Un jour, il s'est réveillé et a vu trois ventes consécutives sur Stripe pour un total de 51 dollars. Peu après, il a ajouté un partenariat sponsorisé : une application de gestion budgétaire qui lui a proposé 150 dollars pour mentionner leur outil dans cinq vidéos. Tout cela provenait d'une série de vidéos sans visage lancée moins de deux mois auparavant.

Ce qui a le plus surpris Elijah, ce n'était pas seulement l'argent, mais la simplicité du système. Sa méthode était claire : créer du contenu en lot, programmer les publications et diriger le trafic vers un tunnel de conversion. Un seul samedi après-midi consacré à l'écriture et au montage lui permettait de produire tout un mois de contenu monétisé. Il n'avait plus l'impression de courir après les abonnés. Au contraire, il construisait des actifs numériques — des vidéos courtes qui restent en ligne pour toujours, chacune agissant comme un petit vendeur travaillant pour lui 24 heures sur 24.

Il n'avait pas besoin de devenir viral. Il lui suffisait d'être constant. Dix vues se sont transformées en cent. Une vente est devenue des dizaines. Finalement, il a dépassé les 1 000 abonnés sur YouTube et a obtenu l'accès à la monétisation. Sa liste e-mail a franchi les 1 500 abonnés. Et son système de vidéos — construit avec des outils d'IA et une stratégie simple de contenu — générait désormais plus de revenus que tous ses projets précédents réunis.

Chapitre 7 : Développer votre activité vidéo — création en lot, planification et automatisation de la croissance avec l'IA

Créer quelques vidéos est une chose, mais construire une source de revenus durable grâce à la vidéo nécessite des systèmes. Si vous passez des heures chaque jour à créer du contenu, vous finirez par vous épuiser. C'est pourquoi les créateurs les plus performants utilisant l'intelligence artificielle ne se contentent pas de produire des vidéos — ils les créent en lot, les programment et automatisent toute leur opération de contenu grâce à des outils intelligents. Dans ce chapitre, vous apprendrez comment transformer votre processus de création vidéo en une machine fluide qui travaille pour vous, et non l'inverse.

Le premier pilier pour passer à l'échelle est la création en lot. Au lieu de produire des vidéos une par une, vous bloquez quelques heures chaque semaine pour créer plusieurs contenus à la fois. Cela vous permet d'entrer dans un état de concentration créative, de réduire les interruptions et de gagner du temps. Par exemple, vous pouvez écrire dix scripts le lundi avec ChatGPT, générer dix voix off avec ElevenLabs le mardi, créer dix vidéos avec Pictory ou InVideo le mercredi, puis finaliser et programmer les publications avec CapCut ou

VEED le jeudi. En une seule semaine, vous pouvez préparer un mois entier de contenu quotidien — sans stress de dernière minute.

Vient ensuite la planification. Une fois vos vidéos créées et sous-titrées, vous devez les publier régulièrement. Publier manuellement chaque jour peut être chronophage, c'est pourquoi les outils de planification sont essentiels. Pour Instagram et Facebook Reels, vous pouvez utiliser Meta Business Suite. Pour YouTube Shorts, YouTube Studio dispose d'un système de planification intégré. TikTok permet également la planification via son interface web pour les comptes professionnels ou via des outils comme Metricool et Buffer. Ces plateformes vous permettent de programmer la date de publication, d'ajouter les descriptions, d'inclure des hashtags et même de suivre les performances — le tout depuis un tableau de bord centralisé.

L'automatisation représente l'étape suivante. Avec des outils comme Make.com ou Zapier, vous pouvez connecter vos dossiers vidéo, vos outils de transcription et vos plateformes sociales pour créer un pipeline entièrement automatisé. Par exemple, vous pouvez configurer une automatisation où le téléchargement d'une vidéo dans Google Drive déclenche une action qui l'envoie vers votre outil de planification, ajoute automatiquement les hashtags depuis une feuille de calcul et met à jour votre calendrier de contenu dans Notion. Vous pouvez même demander à des outils d'IA de générer automatiquement des descriptions ou des appels à l'action, ce qui réduit la fatigue décisionnelle et accélère la publication.

La réutilisation du contenu est une autre stratégie essentielle pour passer à l'échelle. Chaque vidéo que vous créez devrait être utilisée de plusieurs façons. Un YouTube Short peut devenir un TikTok, un Instagram Reel et un Idea Pin sur Pinterest. L'audio peut être transformé en épisode de podcast. Le script peut être réutilisé comme image citation ou publication carrousel. Des outils comme Repurpose.io, Canva et ContentFries vous permettent d'adapter un seul contenu en cinq formats différents ou plus avec un minimum d'effort. Avec ce système, vous n'êtes plus simplement un créateur — vous gérez une véritable machine de contenu.

Enfin, il est important de créer un tableau de bord pour gérer votre activité de contenu. Que vous utilisiez Notion, Trello ou Airtable, suivez vos idées de contenu, l'état de production, le calendrier de publication et les performances. Classez vos vidéos par thème, analysez celles qui convertissent le mieux et utilisez ces données pour améliorer votre stratégie. Cela vous permet de prendre des décisions plus intelligentes sur le type de contenu à développer et de comprendre d'où proviennent réellement vos revenus.

L'objectif n'est pas de créer davantage de contenu, mais de créer plus intelligemment. La création en lot, la planification et l'automatisation vous permettent de publier quotidiennement tout en ne travaillant que quelques heures par semaine. Cela libère du temps pour tester de nouvelles offres, lancer des produits ou même démarrer de nouvelles chaînes. Avec le bon système en place, votre activité vidéo devient un moteur presque autonome — un système qui continue de croître, que vous travailliez ou non.

L'histoire du système automatisé de Jasmine

Jasmine créait des vidéos courtes depuis trois mois sans interruption. Au début, elle adorait le processus : trouver des idées, les transformer en scripts et les voir prendre vie grâce aux outils d'IA. Mais avec le temps, cela a commencé à devenir épuisant. Elle publiait tous les jours, montait ses vidéos tard le soir et avait constamment l'impression de courir après le temps. Ses résultats progressaient, mais son énergie diminuait rapidement. Elle savait que quelque chose devait changer.

Un matin, en écoutant un podcast sur la productivité, elle a entendu une phrase qui l'a marquée : « Vous n'avez pas besoin de travailler plus dur — vous devez créer des systèmes. » Ce fut son déclic. Jasmine a décidé d'arrêter de considérer la création de contenu comme une tâche quotidienne et de la traiter comme une véritable entreprise. Elle s'est assise et a élaboré un nouveau plan hebdomadaire. Le lundi serait consacré à l'écriture des scripts. Le mardi aux voix off. Le mercredi à la production vidéo. Le jeudi aux retouches finales. Le vendredi serait réservé au repos ou aux ajustements. Tout serait créé en lot, planifié et automatisé.

Elle a commencé à utiliser ChatGPT pour écrire dix scripts en une seule session. Ensuite, elle utilisait ElevenLabs pour transformer ces scripts en voix off professionnelles en quelques minutes. Le mercredi, elle téléchargeait les fichiers audio dans Pictory, laissait l'IA générer les vidéos, puis exportait le tout dans un dossier Google Drive. Avec CapCut, elle ajoutait les sous-titres et les dernières modifications. Le jeudi, tout son contenu était prêt. Elle programmait ensuite les publications avec Meta Business Suite pour Instagram et Facebook, et avec YouTube Studio pour les Shorts. Les TikToks étaient planifiés via un outil de planification. Désormais, chaque semaine, entre 10 et 15 vidéos étaient publiées automatiquement pendant qu'elle se concentrait sur sa stratégie.

Ses résultats ont explosé. Libérée de la pression quotidienne de créer du contenu, ses vidéos sont devenues plus claires et plus engageantes. Elle avait le temps de tester différentes accroches, d'analyser ce qui fonctionnait et d'ajuster sa stratégie. Elle a créé un tableau de bord dans Notion pour suivre tout son pipeline de contenu — des idées jusqu'à la publication. Elle a classé chaque vidéo par niche, plateforme et appel à l'action. Elle a rapidement remarqué que les vidéos avec des titres sous forme de liste et des offres d'affiliation convertissaient le mieux. Cette seule découverte lui a permis de doubler ses commissions mensuelles.

À mesure que son contenu grandissait, sa confiance augmentait aussi. Jasmine a lancé une deuxième chaîne sans visage dans une niche différente. Elle a réutilisé son système de création en lot, dupliqué ses automatisations avec Make.com et externalisé les sous-titres grâce à l'IA. Ce qui ressemblait autrefois à un travail épuisant fonctionnait maintenant comme une machine bien réglée. Son audience est passée à plusieurs dizaines de milliers de personnes. Les ventes de ses produits numériques ont augmenté. Et elle a enfin retrouvé du temps pour se reposer — sachant que son activité de contenu continuait de croître grâce aux systèmes qu'elle avait mis en place, et non au stress.

Chapitre 8 : Construire une marque sans visage qui dure — longévité, confiance et communauté sans montrer votre visage

Beaucoup de personnes pensent qu'il faut montrer son visage pour créer de la confiance en ligne. Mais ce n'est plus vrai aujourd'hui. Grâce à l'essor des outils d'intelligence artificielle, de la génération de voix, du storytelling avec avatars et du contenu sans visage, des milliers de créateurs construisent des marques puissantes et rentables — sans jamais apparaître devant la caméra. La clé n'est pas de montrer son visage, mais de montrer de la constance, de la valeur et de la personnalité à travers son contenu. Dans ce chapitre, nous allons voir comment construire une marque sans visage capable de gagner la confiance, d'attirer des abonnés et de créer un impact durable.

Tout d'abord, il faut comprendre que l'image de marque va bien au-delà des éléments visuels. Une marque forte repose sur une voix reconnaissable, un message clair et une valeur répétée. Que votre contenu soit narré par une voix générée par l'IA ou construit entièrement avec des sous-titres et des visuels, votre audience commencera à reconnaître votre ton, votre format et vos thèmes. Cette reconnaissance crée de la familiarité — et la familiarité crée la confiance. Si chaque vidéo que vous publiez suit une structure identifiable, résout un problème précis et tient une promesse claire, les gens reviendront pour voir davantage de contenu, même s'ils ne voient jamais votre visage.

Pour y parvenir, choisissez une niche cohérente et restez fidèle à un message central. Si vous aidez les gens à économiser de l'argent, chaque vidéo devrait se rattacher à cette promesse. Si vous vous concentrez sur la productivité ou la motivation, construisez une accroche reconnaissable autour de ce thème. Par exemple, vos vidéos pourraient toujours commencer par une question comme « Avez-vous du mal à... ? » ou une phrase comme « Voici ce que j'aurais aimé savoir à 22 ans ». La cohérence dans vos accroches, votre structure, le ton de la voix, et le style visuel (polices, sous-titres, emojis ou musique de fond) renforce votre identité de marque. Les gens commencent à reconnaître votre contenu dans leur fil d'actualité — et cela reste puissant, même sans visage.

Une autre stratégie efficace consiste à utiliser une mascotte, un logo ou un thème visuel pour représenter votre marque. Cela peut être un avatar animé, un symbole graphique ou même un personnage de stock récurrent dans votre contenu. Des outils comme D-ID, Synthesia ou Animaker permettent de créer des avatars parlants qui peuvent devenir un élément visuel identifiable au fil du temps. Vous pouvez également renforcer votre autorité par la répétition — en mentionnant votre site web, votre ebook, votre produit ou votre slogan dans chaque contenu. Avec le temps, votre audience associera cette identité de marque à l'utilité, à la fiabilité ou même au divertissement.

La confiance se construit aussi grâce à la transparence et aux preuves. Même avec une marque sans visage, vous pouvez partager des réussites, des histoires et des leçons dans vos descriptions, vos voix off ou vos publications épinglées. Vous pouvez montrer des captures d'écran de vos résultats, de votre progression ou des retours de votre audience. Répondez aux commentaires, engagez la conversation et montrez que vous êtes présent. La confiance se construit dans la durée grâce à la constance et à la valeur que vous apportez. Et il faut se rappeler que de nombreuses grandes marques — des banques aux entreprises de logiciels — fonctionnent entièrement sans visage. Ce qui compte n'est pas le visage, mais l'émotion et la confiance que les gens associent à votre marque.

Enfin, pensez sur le long terme. Construire une marque sans visage permet une plus grande évolutivité et une véritable longévité. Si vous souhaitez un jour vendre votre chaîne, licencier votre contenu ou développer une entreprise médiatique, une marque sans visage est souvent plus facile à transmettre et à développer. Vous n'êtes pas le produit — le contenu l'est. En construisant un système autour de votre ton, de vos outils et de votre message, vous créez un actif numérique capable de se développer indépendamment de vous. Dans ce sens, le contenu sans visage n'est pas simplement une alternative — c'est une stratégie puissante pour la longévité, l'automatisation et la liberté.

Le pouvoir de la "Money Habits Checklist" d'Andre

Andre avait toujours voulu construire quelque chose en ligne — une marque capable de se développer pendant qu'il travaillait à son emploi de bureau et peut-être un jour remplacer son salaire. Mais chaque fois qu'il regardait YouTube ou TikTok, il avait l'impression que tout le monde dansait, vloguait ou faisait des sketches comiques devant la caméra. Ce n'était pas lui. Andre était discret, réservé et ne voulait pas être le centre de l'attention. Pendant longtemps, il a pensé que cela signifiait qu'il ne pourrait jamais réussir dans la création de contenu. Jusqu'au jour où il a découvert une chaîne de motivation sans visage qui a changé sa perspective.

Les vidéos étaient simples. Des citations puissantes apparaissaient à l'écran. Une voix calme et robotique prononçait de courts messages motivants. En arrière-plan, on voyait des images de villes, de personnes qui couraient et de vagues de l'océan. Aucun visage. Aucun nom. Juste de la valeur. La chaîne comptait plus de 300 000 abonnés. C'est à ce moment-là qu'Andre a compris qu'il était possible de créer une marque qui touche les gens — sans jamais être vu.

Il s'est mis au travail. Il a choisi le thème de la motivation financière et a commencé à écrire des scripts de 60 secondes avec ChatGPT. Chacun se concentrait sur une idée : comment sortir du cycle du salaire à salaire. Il utilisait ElevenLabs pour générer la voix, Pictory pour créer les visuels et utilisait toujours la même musique et les mêmes polices pour ses vidéos. Il a appelé sa marque « Wealth Mode » et s'est assuré que chaque vidéo inclue le slogan : « Il est temps de transformer votre travail en croissance. » Il a publié régulièrement pendant quatre semaines.

Peu à peu, les vues ont commencé à apparaître. Puis les commentaires. Puis les partages. Les gens ont commencé à identifier des amis, à écrire « Cette vidéo m'a vraiment touché » et à enregistrer ses publications. Même si Andre n'avait jamais montré son visage ni son vrai nom, sa marque devenait reconnaissable. Il a ajouté un simple logo en filigrane sur chaque vidéo et créé un Linktree avec des téléchargements gratuits et des offres d'affiliation. L'un de ses aimants à prospects — une « Money Habits Checklist » — a été téléchargé plus de 600 fois en un mois.

En développant son contenu, il a également structuré son système. Il a créé un calendrier de contenu dans Notion. Il a automatisé la génération de ses descriptions. Il a même externalisé certaines voix off avec des crédits ElevenLabs et entraîné ses outils pour correspondre à son ton. Plus il publiait de contenu, plus les gens commençaient à rechercher « Wealth Mode » — non pas lui, mais sa marque. Celle-ci commençait à vivre de manière indépendante.

Un jour, il a reçu un message privé d'un spectateur : « Tes vidéos m'ont aidé à rester discipliné avec mon budget pour la première fois depuis des années. Merci. » Andre a souri. Il n'avait jamais parlé face à une caméra. Il n'avait jamais montré son visage. Pourtant, il avait construit quelque chose de réel — une marque qui comptait. Une marque qui inspirait confiance, changeait des vies et générait maintenant des revenus. Et tout cela, sans jamais entrer sous les projecteurs.

Chapitre 9 : Le tunnel vidéo passif — configurez-le une fois, gagnez pour toujours

La véritable magie de la création vidéo avec l'intelligence artificielle ne réside pas seulement dans la production de contenu, mais dans la mise en place de systèmes capables de générer des revenus de manière passive. C'est ici que tout se rejoint : contenu sans visage, automatisation, marketing d'affiliation, produits numériques et génération de prospects — tous fonctionnant ensemble pour créer une véritable machine de revenus passifs. Dans ce chapitre, vous allez apprendre à concevoir et lancer un tunnel vidéo passif capable de générer du trafic, des prospects et des ventes longtemps après la création du contenu.

L'idée de base est simple : vous créez des vidéos qui attirent l'attention et vous reliez ces vidéos à une offre monétisée — qu'il s'agisse d'un lien d'affiliation, d'un produit numérique ou d'un aimant à prospects. Les spectateurs regardent la vidéo, suivent votre appel à l'action et effectuent soit un achat, soit une inscription dans votre tunnel. Ce tunnel continue ensuite le travail grâce à des e-mails automatisés, des recommandations ou des ventes additionnelles — tous configurés une seule fois et exécutés automatiquement.

Chaque nouvelle vidéo devient alors une source de trafic qui alimente ce système. L'objectif n'est pas de devenir viral, mais de placer des « hameçons numériques » qui continuent d'attirer des opportunités avec le temps.

Décomposons un tunnel vidéo passif simple. Commencez par choisir une niche avec une audience monétisable — par exemple les outils d'IA, le fitness, la gestion du budget, la productivité ou l'éducation. Ensuite, créez un contenu gratuit à offrir, comme une checklist, un ebook ou un modèle. Avec des outils comme ChatGPT ou Canva, vous pouvez créer ce type de ressource en moins d'une heure. Ensuite, configurez une page de capture avec des outils comme Systeme.io, ConvertKit ou MailerLite. C'est sur cette page que vous collecterez les adresses e-mail en échange de votre ressource gratuite. Après cela, préparez une courte séquence d'e-mails qui vous présente, apporte de la valeur et recommande un produit d'affiliation ou votre propre offre numérique.

Une fois cela prêt, créez une série de vidéos courtes destinées à la même audience et qui font la promotion de votre ressource gratuite. Chaque vidéo doit inclure un appel à l'action comme : « Téléchargez ma checklist gratuite des outils d'IA — lien dans la bio. » Ces vidéos sont ce qui dirige le trafic vers votre tunnel. L'avantage est que ces vidéos restent visibles indéfiniment sur TikTok, YouTube Shorts et Instagram Reels. Certaines obtiendront quelques centaines de vues, d'autres des milliers ou plus. Mais avec le temps, leur effet cumulé se traduit par une liste e-mail en croissance et des ventes régulières — sans que vous ayez besoin d'être présent chaque jour.

Pour garder ce système passif, planifiez votre contenu à l'avance et automatisez vos suivis. Des outils comme MailerLite ou Systeme.io vous permettent de créer des séquences automatisées qui envoient la ressource gratuite, construisent la confiance et recommandent des offres — le tout sans intervention. Au fur et à mesure que votre tunnel fonctionne, vous pouvez tester différentes accroches, produits ou appels à l'action pour améliorer votre taux de conversion. Et si vous souhaitez aller plus loin, vous pouvez réinvestir vos profits dans la publicité, les collaborations ou l'externalisation de la création de contenu.

La clé est la constance et la patience. Beaucoup de créateurs abandonnent trop tôt en espérant des résultats immédiats. Mais avec un tunnel vidéo, vous ne recherchez pas seulement des likes — vous construisez un écosystème. Votre contenu travaille 24 heures sur 24. Votre tunnel collecte des prospects. Vos e-mails nourrissent la relation et convertissent les abonnés en clients. Cela peut prendre quelques semaines ou quelques mois, mais une fois le système lancé, il devient réellement passif. C'est à ce moment-là que votre entreprise digitale commence à ressembler à de la liberté – et non à un autre travail.

Comment Luis est devenu un créateur de revenus passifs

Luis a toujours été attiré par l'idée du revenu passif, mais chacune de ses tentatives semblait tout sauf passive. Il a essayé le dropshipping – avec des plaintes constantes de clients. Il a tenté le freelancing – sans aucune liberté de temps. Il a même essayé le blogging, mais il avait du mal à rester régulier. Puis un soir, en parcourant YouTube, il est tombé sur une vidéo intitulée : « Comment je gagne 2 500 $ par mois avec des vidéos IA sans montrer mon visage. » Cette seule vidéo a tout changé.

Le créateur expliquait un système simple : des vidéos courtes qui mènent vers une checklist gratuite, qui mène vers un tunnel d'e-mails, qui mène vers des commissions d'affiliation. Tout était configuré une seule fois – puis continuait à fonctionner automatiquement. Luis a été immédiatement captivé. Il a mis la vidéo en pause et a commencé à construire son propre système ce soir-là. Il a choisi une niche qu'il connaissait bien : les astuces de productivité. Il a ouvert ChatGPT et lui a demandé de créer une checklist intitulée « 7 outils d'IA pour gagner du temps ». En quelques minutes, il avait un PDF prêt à être utilisé. Ensuite, il a utilisé Systeme.io pour créer une page de capture simple proposant cette checklist en échange d'une adresse e-mail.

Ensuite, il a demandé à ChatGPT de rédiger une séquence de quatre e-mails. Le premier envoyait la checklist. Le deuxième partageait trois conseils bonus. Le troisième présentait son application préférée pour gagner du temps avec un lien d'affiliation. Le quatrième proposait un planificateur de productivité à 17 dollars qu'il avait créé dans Canva. Puis est venue la création de contenu. Luis a utilisé ChatGPT et ElevenLabs pour écrire et narrer dix vidéos sans visage, toutes liées aux stratégies pour gagner du temps. Il a utilisé InVideo pour transformer l'audio en vidéo et CapCut pour les finaliser. Chacune se terminait par un appel à l'action : « Téléchargez la checklist gratuite des outils d'IA — lien dans la bio. »

Il les a publiées sur plusieurs plateformes — TikTok, Instagram Reels et YouTube Shorts. La première semaine, il ne s'est presque rien passé. Puis une vidéo intitulée « 3 outils d'IA qui m'ont fait gagner 20 heures le mois dernier » a commencé à exploser. Elle a atteint 32 000 vues. Sa liste e-mail a gagné plus de 700 abonnés en trois jours. À la fin de la semaine, il avait réalisé quatre ventes d'affiliation et trois ventes de produits. Son tunnel vidéo passif était devenu une réalité — et il fonctionnait.

Avec le temps, Luis a continué à enrichir sa bibliothèque de vidéos. Chaque nouvelle publication attirait plus de spectateurs, plus de prospects et plus de ventes. Il ne publiait même plus tous les jours. Il n'en avait plus besoin. Son tunnel était vivant. Peu importe qu'il travaille, dorme ou soit en vacances — ses vidéos générées par l'IA continuaient à attirer et convertir des personnes pour lui. Ce système — construit en un seul week-end — est devenu la base de toute son entreprise digitale. Et désormais, chaque fois qu'il créait une nouvelle vidéo, il souriait en sachant qu'il ajoutait un nouvel hameçon dans l'eau, capable d'attirer des revenus passifs pendant des semaines, voire des mois.

Chapitre 10 : Réflexions finales et vos prochaines étapes — de votre première vidéo à un revenu à plein temps grâce aux vidéos IA

Vous avez maintenant découvert comment construire une activité vidéo alimentée par l'intelligence artificielle, étape par étape — même sans apparaître devant la caméra, sans enregistrer votre propre voix et sans monter une seule image manuellement. Ce qui était autrefois réservé aux influenceurs ou aux professionnels de la vidéo est désormais accessible à toute personne disposant d'une connexion Internet, d'une idée simple et des bons outils d'IA. Mais la connaissance sans action ne sert à rien. Ce dernier chapitre vous offre une direction claire — une liste d'étapes pour passer de l'idée au revenu, une vidéo courte à la fois.

Votre premier objectif est simple : créer et publier votre première vidéo. Ne réfléchissez pas trop. Choisissez un sujet qui vous intéresse — la productivité, le fitness, l'argent, les relations, la motivation — et demandez à ChatGPT d'écrire un script de 30 secondes dans votre style. Ensuite, utilisez un outil comme ElevenLabs ou PlayHT pour générer la narration, puis Pictory ou InVideo pour transformer le script en vidéo. Ajoutez des sous-titres avec CapCut ou VEED. Exportez la vidéo et publiez-la sur YouTube Shorts, TikTok et Instagram Reels. Elle n'a pas besoin d'être parfaite — elle doit simplement exister. Cette première publication marque le début de votre parcours.

Ensuite, développez la régularité. Définissez un calendrier — par exemple trois vidéos par semaine pour commencer. Travaillez en lot pour éviter de vous sentir débordé. Écrivez les scripts le lundi, générez les voix off le mardi, créez et planifiez les vidéos le mercredi. Analysez ce qui fonctionne le mieux. Quels titres obtiennent le plus de clics ? Quels appels à l'action génèrent des réponses ? Laissez les données guider votre créativité. L'objectif n'est pas de devenir viral — c'est d'apprendre, de s'améliorer et de construire un moteur de contenu qui fonctionne de mieux en mieux chaque semaine.

Ensuite, ajoutez la monétisation. Choisissez un produit ou un programme d'affiliation à promouvoir. Créez un aimant à prospects — une checklist gratuite, un mini-guide ou un outil numérique — et ajoutez-le dans votre bio. Configurez une page de capture simple et une séquence d'e-mails avec MailerLite ou Systeme.io. Chaque vidéo que vous publiez devient alors une source de trafic vers ce tunnel. À chaque nouvelle publication, votre système devient plus solide. Votre liste d'e-mails grandit. Vos ventes augmentent. Et votre confiance grandit avec elles.

Lorsque les premiers résultats commencent à apparaître, développez intelligemment votre système. Réutilisez votre contenu long. Transformez une vidéo de 10 minutes ou un podcast en dix Shorts grâce à Opus Clip ou Wisecut. Créez un tableau de bord de contenu dans Notion ou Trello pour suivre vos sujets, vos publications et vos performances. Utilisez Make.com pour automatiser le déplacement des fichiers, la planification des publications et le suivi de votre tunnel. Externalisez certaines tâches si nécessaire. Chaque nouvelle amélioration vous rapproche d'une activité capable de fonctionner même lorsque vous ne travaillez pas.

Et rappelez-vous : personne ne réussit parfaitement dès le premier jour. Les créateurs les plus performants utilisant l'IA n'ont pas commencé avec des systèmes sophistiqués ou des flux de travail parfaits. Ils ont commencé avec une seule vidéo imparfaite et la décision de continuer. Dans ce nouveau monde où l'intelligence artificielle a supprimé tant d'obstacles, votre seule mission est d'agir. Vous n'avez pas besoin d'autorisation. Vous n'avez pas besoin d'équipe. Vous avez simplement besoin de commencer.

Votre voix compte — même si elle est générée par l'IA. Vos idées ont de la valeur — même si elles sont écrites par un chatbot. Et votre audience vous attend — même si vous ne la connaissez pas encore. Chaque vidéo que vous créez a le potentiel de générer des revenus, de développer votre marque et d'aider quelqu'un quelque part. Alors faites le premier pas. Créez votre première vidéo. Et laissez cela devenir le début de quelque chose de grand.

Parlons maintenant de l'histoire de Marcus.

Marcus n'avait jamais imaginé devenir créateur de contenu numérique. Il n'était pas réalisateur. Il n'avait pas de studio. Il n'aimait même pas apparaître devant une caméra. Il travaillait dans un emploi classique, rentrait fatigué le soir et faisait défiler les réseaux sociaux pour se détendre. Mais quelque chose l'intriguait : voir des personnes ordinaires transformer des vidéos de 30 secondes en véritables sources de revenus. « S'ils peuvent le faire », pensa-t-il, « pourquoi pas moi ? »

Sa première vidéo était loin d'être parfaite. Les sous-titres étaient mal synchronisés. Le rythme était étrange. Mais il l'a faite — une vidéo courte sans visage expliquant comment utiliser ChatGPT pour être plus productif. Il l'a publiée sur YouTube Shorts et l'a oubliée. Le lendemain matin, elle avait 213 vues. Ce n'était pas viral, mais c'était suffisant pour accélérer son rythme cardiaque. Il en a créé une autre. Puis une autre. À la fin du mois, il avait publié 12 vidéos et obtenu 59 abonnés à sa liste e-mail — uniquement grâce à une checklist gratuite qu'il proposait dans le lien de sa bio.

Deux mois plus tard, l'une de ses vidéos a dépassé les 80 000 vues. Sa liste e-mail avait atteint 1 300 abonnés. Il a gagné ses premiers 400 dollars en commissions d'affiliation et vendu 18 exemplaires d'un kit d'outils d'IA à 17 dollars qu'il avait créé dans Canva. Cette vidéo — seulement 48 secondes — générait de l'argent chaque jour. Il a construit un petit tunnel. Puis il a automatisé son flux de travail. Au bout de cinq mois, Marcus publiait trois vidéos par semaine, la plupart créées en lot en une seule journée, et gagnait plus grâce à son activité secondaire qu'il ne l'aurait jamais imaginé.

Il n'a jamais montré son visage. Il n'a jamais enregistré sa voix. Mais il a créé du contenu qui résolvait des problèmes, inspirait confiance et générait des revenus. Il a gardé les choses simples : une idée, un outil, une vidéo à la fois. Ce qui avait commencé comme une curiosité est devenu une marque. Ce qui avait commencé comme un projet secondaire est devenu un système. Et ce qui avait commencé comme une expérience est devenu le début de quelque chose qui a changé sa vie.

Pour Marcus, le véritable tournant n'était pas les vues ni l'argent. C'était la prise de conscience qu'il pouvait créer et gagner de l'argent selon ses propres conditions — discrètement, de manière créative et avec un contrôle total sur son temps. Il avait construit quelque chose de réel : une activité vidéo passive alimentée par l'intelligence artificielle. Et tout avait commencé avec une seule vidéo, une seule publication et une seule décision de commencer.

Chapitre 11 : Aller au-delà des vidéos courtes — développer le contenu long, les cours et les produits numériques évolutifs

Une fois que votre système de vidéos courtes est en place et que vous commencez à voir de la croissance, de l'engagement et quelques revenus, vous n'êtes plus simplement un débutant — vous fonctionnez désormais comme une véritable entreprise de contenu numérique. À ce stade, l'étape la plus intelligente est l'expansion. Les vidéos courtes sont puissantes, mais elles deviennent encore plus efficaces lorsqu'elles sont reliées à du contenu plus long, à des offres plus profondes et à des produits numériques évolutifs. Dans ce chapitre, nous allons explorer comment passer des vidéos courtes au contenu long, aux cours en ligne et à d'autres actifs numériques capables d'augmenter votre autorité et de multiplier vos revenus.

La première évolution naturelle consiste à créer du contenu long. Si vous publiez régulièrement des Shorts ou des Reels, vous savez probablement déjà quels sujets intéressent le plus votre audience. Consultez vos statistiques : quelles vidéos obtiennent le plus de vues, de commentaires ou d'enregistrements ? Quelles vidéos génèrent le plus de clics ou de conversions ? Utilisez ces informations comme base pour développer du contenu plus long. Les vidéos longues vous donnent plus de temps pour expliquer, démontrer ou raconter une histoire. Vous pouvez utiliser YouTube, les podcasts ou même des webinaires préenregistrés pour approfondir les problèmes qui intéressent votre audience. Et le meilleur dans tout cela, c'est que vous n'avez toujours pas besoin d'apparaître à la caméra. Vous pouvez rester totalement sans visage en utilisant des enregistrements d'écran, des présentations animées ou des outils d'avatar comme Synthesia pour créer des vidéos complètes.

À partir de ce contenu long, vous pouvez ensuite créer un cours ou un produit numérique. Par exemple, si vous créez du contenu sur les outils d'IA pour la productivité, vous pourriez concevoir une formation vidéo de 60 minutes intitulée « Multipliez votre temps par 10 avec l'IA » et la vendre 27 dollars ou plus. Si votre contenu concerne l'éducation financière, vous pourriez créer un planificateur budgétaire téléchargeable ou une checklist pour réparer son crédit. La manière la plus simple de commencer consiste à transformer votre contenu court le plus performant en une structure plus complète, organisée étape par étape. Utilisez ChatGPT pour créer le plan du cours, écrire les scripts et rédiger la page de vente. Ensuite, utilisez des plateformes comme Systeme.io, Gumroad ou Teachable pour héberger et vendre votre produit.

Vos vidéos courtes deviennent alors des aimants à trafic, votre contenu long renforce la confiance et vos produits numériques réalisent les ventes. C'est ainsi que de petits créateurs commencent à gagner des centaines, puis des milliers de dollars par mois sans avoir besoin de devenir viraux. Il ne s'agit pas d'une seule vidéo qui fait tout le travail – il s'agit de construire un parcours complet pour votre spectateur : une vidéo gratuite qui mène à une ressource gratuite, qui mène à un produit, qui mène à un fan ou un client fidèle. Chaque contenu devient un élément de votre moteur de revenus. Grâce à l'automatisation et aux outils d'IA, tout ce parcours peut être construit en quelques jours au lieu de plusieurs mois.

Le chemin le plus évolutif consiste à penser en termes d'offres et non seulement de contenu. Quelle transformation votre spectateur recherche-t-il — et comment pouvez-vous la lui offrir de manière plus complète, plus claire et plus rapide que les autres ? C'est ce pour quoi les gens sont prêts à payer. Cela peut être un cours, un pack de modèles, une boîte à outils ou même une session de coaching privé. Le format importe moins que le résultat obtenu. Plus vos offres numériques sont structurées et utiles, plus elles se vendront facilement — surtout lorsque vos vidéos courtes ont déjà préparé votre audience.

N'oubliez pas non plus les revenus récurrents. Une fois que vos produits sont validés, vous pouvez les transformer en abonnement ou en communauté. Vous pourriez proposer de nouveaux modèles chaque mois, publier du contenu exclusif chaque semaine ou offrir des formations privées réservées aux membres. Des plateformes comme Patreon, Skool et Kajabi rendent cela très simple. Avec l'intelligence artificielle, vous pouvez même automatiser la publication mensuelle de contenu — ce qui vous permet de développer votre activité sans augmenter votre charge de travail. C'est ainsi que des créateurs à temps partiel deviennent des entrepreneurs à plein temps — en empilant produits numériques, offres et revenus récurrents sur un système de vidéos courtes déjà fonctionnel.

Le parcours ne s'arrête pas aux Shorts. Ils ne sont que la porte d'entrée. Dès que vous combinez votre contenu vidéo avec une offre structurée, une formation plus approfondie et un système de distribution évolutif, vous passez du statut de créateur de contenu à celui d'entrepreneur numérique. À partir de ce moment-là, vos revenus ne dépendent plus uniquement du nombre de vidéos que vous publiez, mais de tout l'écosystème de valeur que vous avez construit autour d'elles.

La boîte à outils de productivité de Nina

Nina créait des vidéos courtes depuis environ six mois. Ce qui avait commencé comme un simple projet par curiosité était devenu quelque chose de réel — du trafic réel, des abonnés réels et des revenus réels. Ses vidéos sans visage sur les outils d'IA, les astuces pour gagner du temps et les conseils pour entrepreneurs solo lui rapportaient désormais des commissions d'affiliation chaque jour. Son audience comptait des milliers de personnes et sa liste e-mail grandissait régulièrement. Pourtant, malgré ces progrès, elle avait l'impression d'atteindre un plafond. Ses abonnés adoraient ses vidéos, mais beaucoup lui demandaient : « As-tu un cours ? » ou « Où peut-on en apprendre davantage ? » Cette question a planté une graine dans son esprit.

Elle ne s'était jamais considérée comme une créatrice de cours. « Les cours sont faits pour les experts », pensait-elle. Mais en repensant aux dizaines de vidéos qu'elle avait déjà créées, Nina s'est rendu compte qu'elle enseignait déjà — simplement en petites portions. Un week-end, elle s'est assise devant son ordinateur, a ouvert ChatGPT et a demandé : « Aide-moi à transformer mes 10 meilleurs TikToks en plan de cours. » En quelques minutes, elle avait un programme structuré. Elle l'a divisé en cinq leçons, chacune résolvant un problème précis. Elle a utilisé les scripts de ses anciennes vidéos comme base, ajouté quelques exemples supplémentaires et enregistré le tout sous forme de présentation avec une voix générée par l'IA.

En quelques jours seulement, son premier cours était terminé. Elle l'a intitulé « Créer plus, travailler moins : la boîte à outils de productivité avec l'IA » et l'a hébergé sur Systeme.io. Elle l'a proposé à 29 dollars et y a ajouté un pack de modèles en bonus — également créé avec ChatGPT et Canva. Ensuite, elle a modifié les appels à l'action de ses vidéos pour dire : « Vous voulez le guide complet ? Accédez au cours — lien dans la bio. » Le lendemain matin, elle a réalisé sa première vente. Puis une autre. Puis trois autres avant la fin de la semaine. Se réveiller et découvrir des ventes provenant d'un produit créé une seule fois ? Une sensation incroyable.

Mais Nina ne s'est pas arrêtée là. Elle a créé quelques tutoriels plus longs sur YouTube en répondant aux questions que son audience posait le plus souvent. Ces vidéos, d'une durée de 10 à 15 minutes, restaient sans visage mais étaient très riches en contenu. Elles ont commencé à apparaître dans les résultats de recherche. Sous chaque vidéo, elle ajoutait un lien vers sa ressource gratuite, qui dirigeait vers le même tunnel e-mail proposant son cours. Ses vidéos courtes attiraient du trafic chaque jour. Ses vidéos longues construisaient son autorité. Son tunnel e-mail convertissait les prospects. Tout fonctionnait ensemble.

En développant son système, Nina a lancé un abonnement mensuel à 9 dollars donnant accès à des workflows exclusifs, des prompts d'IA et des modèles de vidéos. Elle a utilisé l'IA pour automatiser la distribution du contenu, planifié les publications un mois à l'avance et créé des vidéos bonus avec ses outils existants. Ce revenu d'abonnement — modeste au début — a commencé à s'accumuler. Combiné aux commissions d'affiliation et aux ventes de cours, il dépassait désormais ce qu'elle gagnait autrefois dans son emploi à temps partiel, tout cela grâce à sa marque sans visage.

Et le plus intéressant ? Elle n'avait plus besoin de créer du contenu à partir de zéro chaque jour. Elle avait des systèmes. Une seule vidéo pouvait devenir un Reel, un YouTube Short, une vidéo longue explicative, un article de blog et un e-mail. Son produit numérique — créé une seule fois — continuait de se vendre chaque jour. Elle comprenait enfin ce que signifiait réellement développer une entreprise basée sur le contenu.

Nina avait dépassé le stade des simples Shorts. Elle avait construit une marque. Un tunnel. Une gamme de produits. Et un système de revenus prévisible et évolutif — entièrement alimenté par l'intelligence artificielle, entièrement créé depuis son ordinateur portable et sans jamais montrer son visage. Ce n'était pas de la magie. C'était de la constance, de la curiosité et une expansion intelligente. Et maintenant, son histoire ne faisait que commencer.

Chapitre 12 : Suivre, optimiser et développer avec les données — laisser les analyses guider votre empire de vidéos IA

À un certain moment de votre parcours avec les vidéos générées par l'IA, la simple régularité ne suffit plus. Vous publiez du contenu régulièrement, sur plusieurs plateformes, et vous commencez peut-être même à générer des revenus — mais sans données, il est impossible de savoir ce qui fonctionne réellement. C'est pourquoi ce chapitre se concentre sur la manière de suivre vos performances, d'optimiser votre contenu et vos tunnels de conversion, et de développer votre marque vidéo numérique en vous appuyant sur les données — et non sur des suppositions. Les données ne sont pas seulement des chiffres : elles sont la feuille de route vers plus de vues, de meilleures conversions et une croissance plus rapide.

La première étape consiste à comprendre les indicateurs clés pour le contenu vidéo court. Même si chaque plateforme propose des statistiques légèrement différentes, les indicateurs essentiels à surveiller sont les vues, le temps de visionnage, la rétention de l'audience, l'engagement (likes, commentaires, partages, enregistrements), le taux de clics (CTR) et les conversions. Pour YouTube Shorts, examinez attentivement les graphiques de rétention : combien de temps les spectateurs restent-ils avant de quitter la vidéo ? Pour Instagram Reels et TikTok, accordez une attention particulière aux partages et aux enregistrements — ce sont des signaux forts indiquant que votre contenu a réellement touché votre audience. Portez également une attention particulière aux trois premières secondes. Si la majorité des spectateurs quitte la vidéo rapidement, votre accroche n'est probablement pas assez forte.

Vous devez également suivre les clics sur les liens et l'activité de votre tunnel. Si vous faites la promotion d'un aimant à prospects ou d'un produit, utilisez des liens UTM ou des outils comme Bitly ou le suivi intégré de Systeme.io pour identifier quelles vidéos génèrent le plus d'actions. Les spectateurs cliquent-ils réellement sur votre « lien dans la bio » ? Quels formats de vidéos génèrent le plus d'inscriptions par e-mail ou de ventes d'affiliation ? Si un type de contenu surpasse régulièrement les autres, c'est un signal clair qu'il faut en produire davantage. Ne supposez pas — vérifiez. Laissez les chiffres guider vos décisions.

Pour organiser ces informations, créez un tableau de bord analytique simple. Vous pouvez utiliser un modèle dans Notion, une feuille Google Sheets ou un outil de tableau de bord payant. Au minimum, suivez la date, le titre ou le sujet de chaque vidéo, la plateforme, le nombre de vues après 48 heures, le nombre total de vues après 7 jours, l'appel à l'action utilisé et les prospects ou ventes générés. Utilisez des couleurs ou des étiquettes pour identifier les vidéos les plus performantes. Avec le temps, des modèles apparaîtront : vous verrez quels horaires fonctionnent le mieux, quelle durée de vidéo est la plus efficace et quels appels à l'action convertissent le plus. C'est à ce moment que votre chaîne passe de « publier et espérer » à « publier avec précision ».

Une fois que vous savez ce qui fonctionne, il est temps d'optimiser. Cela peut signifier réécrire vos accroches, modifier vos visuels, ajuster votre appel à l'action ou tester différents styles de voix ou de sous-titres. Testez une variable à la fois. Par exemple, si vous utilisez un nouvel appel à l'action dans cinq vidéos et constatez une augmentation des conversions, vous savez qu'il fonctionne. Vous pouvez également effectuer des tests A/B sur les titres ou les miniatures si vous publiez du contenu long. Avec les outils d'IA, ces tests sont plus rapides que jamais. Vous pouvez générer cinq versions d'une accroche avec ChatGPT ou dix appels à l'action différents en quelques secondes.

L'optimisation concerne également votre tunnel de conversion. Si vos vidéos obtiennent des vues mais que votre page de capture ne convertit pas, il est possible que votre offre gratuite ne soit pas suffisamment claire ou attractive. Ou peut-être que vos e-mails ne correspondent pas au ton de votre contenu. Utilisez des outils comme MailerLite, Systeme.io ou ConvertKit pour surveiller les taux d'ouverture, les taux de clics et les conversions. Si les gens ouvrent vos e-mails mais ne cliquent pas, votre message peut manquer d'urgence ou de clarté. Si les gens cliquent mais n'achètent pas, votre positionnement ou votre prix doit peut-être être ajusté. Les chiffres vous donnent la réponse — si vous prenez le temps de les analyser.

Ensuite vient la phase de développement. Une fois que vous avez identifié votre formule gagnante — un format de contenu performant, un tunnel qui convertit et un produit qui se vend — votre travail devient simple : faire davantage de ce qui fonctionne. Cela peut signifier publier plus souvent, réutiliser votre contenu performant, externaliser certaines tâches de création ou même investir dans la publicité pour augmenter votre portée. Par exemple, vous pouvez transformer votre vidéo la plus performante en publicité Instagram Reel ou TikTok Spark Ad et cibler une nouvelle audience. Lorsque vos décisions sont basées sur les données, chaque dollar investi et chaque minute de travail produisent de meilleurs résultats.

Enfin, le suivi des données vous offre un avantage précieux : la confiance. Lorsque vous savez ce qui fonctionne — grâce à des preuves — vous cessez de trop réfléchir. Vous arrêtez de courir après les tendances ou d'imiter les autres. Vous commencez à prendre des décisions plus intelligentes et plus rapides. Vous cessez de douter de votre valeur et vous commencez à développer votre activité avec clarté. C'est à ce moment que votre marque de vidéos IA devient plus qu'un simple projet créatif — elle devient une véritable entreprise, construite sur des données, soutenue par des systèmes et conçue pour grandir selon vos propres règles.

Savannah et la puissance de l'IA guidée par les données

Savannah créait des vidéos sans visage alimentées par l'IA depuis plus de cinq mois. Son contenu était régulier, propre et de plus en plus populaire. Certaines de ses vidéos courtes avaient dépassé les 50 000 vues. Elle avait construit une liste e-mail de plus de 2 000 personnes et réalisait quelques ventes de produits numériques chaque semaine. Pourtant, elle avait l'impression que sa croissance stagnait. Malgré ses efforts, ses revenus plafonnaient. Certaines vidéos devenaient virales, d'autres échouaient — et elle ne comprenait pas pourquoi. C'est alors qu'elle a réalisé qu'elle créait du contenu dans le noir — en devinant au lieu de mesurer.

Elle a décidé de faire quelque chose qu'elle n'avait jamais fait auparavant : créer un tableau de bord de données. Au début, elle a simplement ouvert une feuille de calcul. Elle a listé toutes les vidéos qu'elle avait publiées ce mois-là, leur titre, la plateforme, les vues après 48 heures et si elles avaient généré des inscriptions par e-mail ou des ventes. Les résultats l'ont surprise. Sa vidéo qui avait généré le plus de ventes — 42 ventes de son cours — n'était pas celle qui avait le plus de vues. En réalité, elle en avait moins de 5 000. Mais son accroche était extrêmement claire. Elle ciblait un seul problème précis. Et elle se terminait par un appel à l'action fort : « Téléchargez la checklist et accédez au tutoriel IA complet. »

Curieuse, Savannah a étudié ses vidéos les plus performantes. Elle a remarqué qu'elles avaient toutes un point commun : une structure simple et claire. Elles commençaient par une accroche forte, continuaient avec deux ou trois points rapides et se terminaient par une offre claire. En revanche, ses vidéos moins performantes étaient souvent des listes d'informations sans émotion, sans urgence et sans appel à l'action. Elle a ensuite analysé son tunnel et a réalisé que sa page de capture était trop vague. Elle promettait simplement un « guide gratuit sur l'IA » sans expliquer ce que les gens allaient apprendre ni comment cela allait les aider. Elle a modifié le titre pour dire : « 3 outils d'IA pour vous faire gagner 10 heures cette semaine — avec une vidéo bonus explicative. » Les inscriptions ont augmenté de 38 % en une semaine.

Savannah a commencé à tester de nouveaux appels à l'action avec ChatGPT. Elle a repris ses anciens scripts et a demandé à l'IA de générer dix variantes de conclusions plus fortes. Elle les a intégrées dans ses vidéos et a suivi les résultats. Lorsqu'elle a publié cinq vidéos avec la phrase « Cliquez sur le lien dans la bio pour voir le workflow complet avec l'IA », ses conversions ont doublé. Elle a également remarqué que les vidéos publiées entre 11 h et 13 h obtenaient 40 % de performances supplémentaires par rapport à celles publiées le soir. Elle a donc ajusté son calendrier. Elle a aussi découvert qu'ajouter une bordure lumineuse autour de ses sous-titres augmentait la rétention de 12 %. Ce sont de petits détails, mais qui font une grande différence.

Chaque semaine, Savannah analysait sa feuille de calcul. Elle coloriait ses vidéos les plus performantes, notait les accroches qui fonctionnaient le mieux et ajoutait une colonne « score de conversion ». Avec le temps, elle a construit une bibliothèque d'idées gagnantes — des idées qu'elle pouvait recycler, adapter ou réutiliser sur différentes plateformes. Ses revenus ont recommencé à croître, mais cette fois avec plus de stabilité. Elle ne devinait plus. Elle prenait des décisions stratégiques — guidées par les données plutôt que par l'intuition.

Un jour, elle a regardé ses statistiques et a vu un nouveau cap : 5 014 dollars gagnés en 30 jours grâce au trafic vidéo, aux ventes par e-mail et aux tunnels automatisés. Elle ne travaillait pas plus — elle travaillait simplement plus intelligemment. En suivant chaque étape de son système, elle avait arrêté de faire ce qui ne fonctionnait pas et avait doublé ses efforts sur ce qui marchait. La marque vidéo sans visage de Savannah fonctionnait désormais comme une véritable entreprise. Et le tableau de bord qu'elle hésitait autrefois à créer était devenu son outil le plus précieux.

Épilogue : Une nouvelle ère de créateurs — et vous en faites partie

Nous vivons l'une des transformations les plus profondes de l'histoire numérique. Pendant des décennies, la possibilité de gagner de l'argent grâce à la création de contenu était réservée à une minorité : les célébrités, les influenceurs disposant de gros budgets ou les professionnels hautement qualifiés techniquement. Si vous n'aviez pas une caméra sophistiquée, des compétences en montage vidéo ou la confiance nécessaire pour apparaître devant la caméra, vous étiez souvent exclu de l'équation. Mais ce n'est plus le cas aujourd'hui. Grâce à l'intelligence artificielle, les gardiens de l'accès ont disparu. Le terrain de jeu est devenu égal. Et désormais, pour la première fois, n'importe qui — y compris vous — peut construire une activité basée sur la vidéo depuis chez soi, de manière anonyme et avec un coût presque nul.

Ce livre ne parlait pas seulement d'outils et de stratégies. Il s'agissait aussi de libérer un nouvel état d'esprit. La révolution de l'IA n'est pas seulement technologique — elle est aussi personnelle. Elle permet au créateur discret d'être entendu, au parent à temps partiel de gagner de l'argent, à l'étudiant de développer un projet, à l'entrepreneur d'automatiser son activité et au rêveur de passer à l'action. Vous n'avez plus besoin d'autorisation, d'expérience ou d'une « marque personnelle » pour commencer. Vous n'avez même pas besoin d'être le visage ou la voix de votre contenu. Tout ce dont vous avez besoin, c'est d'un message qui mérite d'être partagé, de l'engagement de vous présenter régulièrement et de la volonté d'apprendre en chemin.

Ce que vous avez appris ici est un véritable plan d'action – un plan que des personnes réelles utilisent aujourd'hui pour générer de vrais revenus avec des vidéos créées en quelques minutes. Vous avez vu comment produire du contenu sans visage avec l'IA. Vous avez appris à construire des tunnels passifs qui transforment les vues en revenus. Vous avez découvert comment créer des offres plus longues, des cours et des produits numériques. Et surtout, vous savez maintenant comment transformer quelques minutes de créativité concentrée en actifs numériques qui peuvent vous rémunérer encore et encore, même pendant que vous dormez. Ce n'est plus simplement une activité secondaire – c'est un effet de levier numérique.

Mais ne vous arrêtez pas ici. En avançant, comprenez que votre succès ne viendra pas du fait d'en faire plus. Il viendra du fait de faire les bonnes choses, de manière constante. Cela signifie choisir un sujet principal et créer des vidéos chaque semaine. Cela signifie mettre en place une liste e-mail simple et offrir quelque chose de précieux en échange de la confiance de votre audience. Cela signifie créer du contenu qui aide, qui éduque, qui divertit ou qui inspire — puis laisser ce contenu travailler pour vous sur plusieurs plateformes et fuseaux horaires. Vous n'avez pas besoin d'être le meilleur — seulement d'être utile. Vous n'avez pas besoin d'être célèbre — seulement d'être trouvable. C'est toute la beauté de cette nouvelle économie numérique.

L'avenir appartient aux créateurs qui comprennent les systèmes. À ceux qui utilisent l'IA non pas pour prendre des raccourcis, mais pour multiplier leur production. À ceux qui comprennent qu'une seule idée peut être transformée en script en 30 secondes, enregistrée en une minute, transformée en vidéo en dix minutes, puis monétisée pendant des mois — tout cela depuis un ordinateur portable ou un téléphone. À ceux qui réalisent que nous sommes passés au-delà de l'attention pour l'attention elle-même. Nous sommes désormais dans l'ère du contenu intentionnel — où les vidéos mènent à la valeur, la valeur mène à la confiance, et la confiance mène à la liberté. Vos vidéos ne se contentent pas de divertir ; elles ouvrent des portes. Elles présentent, elles qualifient et elles vendent.

Et que se passe-t-il lorsque vous grandissez ? Vous commencez à reprendre le contrôle de votre temps. Vous cessez de courir après les algorithmes et vous commencez à créer en accord avec vos objectifs. Votre marque sans visage commence à exister par elle-même. Les gens font confiance à votre voix — même si elle est générée. Ils suivent vos conseils — même s'ils sont courts. Ils achètent vos produits — même s'ils sont simples. Parce que vous êtes devenu un guide dans leur univers. Vous êtes présent avec constance, vous apportez des réponses et vous proposez des solutions lorsque d'autres restent silencieux. Et ce type de fiabilité construit quelque chose de plus puissant que des abonnés — il construit une communauté.

Vous voici maintenant au début de quelque chose de puissant. Vous avez dépassé la phase d'apprentissage. Vous avez vu ce qui est possible. Et vous êtes face à la décision la plus importante : allez-vous continuer ? Allez-vous vous engager à publier régulièrement ? Allez-vous transformer votre meilleur contenu en produit ? Allez-vous construire ce tunnel et l'automatiser ? Allez-vous utiliser ce que vous avez appris ici pour créer un système de revenus vivant qui fonctionne avec ou sans vous ?

Parce que si vous le faites, tout change. Vous commencerez à gagner de l'argent sans échanger votre temps contre de l'argent. Vous vous réveillerez avec de nouveaux abonnés, de nouveaux inscrits et de nouvelles commissions — non pas parce que vous avez travaillé plus dur, mais parce que vous avez construit des systèmes plus intelligents. Vous pourrez voyager, vous reposer ou construire de nouveaux projets en sachant que votre contenu continue d'aider les autres et de vous récompenser — discrètement, régulièrement et de manière prévisible. Et un jour, vous regarderez en arrière et réaliserez : il ne s'agissait pas seulement de créer des vidéos. Il s'agissait de construire une vie selon vos propres règles.

C'est votre époque. La révolution des créateurs propulsés par l'IA et des marques sans visage est déjà là. Les outils sont prêts. L'audience attend. Et la première étape reste toujours la plus puissante : ouvrez votre ordinateur, écrivez votre prochain script et appuyez sur publier. Vidéo après vidéo, vous ne construisez pas seulement un revenu — vous construisez votre liberté. Et c'est précisément cela, plus que tout, qui définit ce mouvement.

Alors avancez avec audace. Avancez avec constance. Avancez avec intelligence. Et n'oubliez jamais : vous n'avez pas besoin d'être vu pour avoir un impact — vous devez simplement être présent.

Bienvenue dans votre nouvelle vie de créateur.

www.ingramcontent.com/pod-product-compliance
Lightning Source LLC
LaVergne TN
LVHW010840051026
849532LV00007B/2772